Les folies d'Élodie

LE MEILLEUR
PATISSIER
LE MEILLEUR
PATISSIER
Madame Marchand

LE MEILLEUR PATISSIER

Les folies d'Élodie

Photographies :
Patrick Rougereau

M6 ÉDITIONS

ILLEUR
ISSIER

Sommaire

9 Préface du jury
11 Le mot d'Élodie
12 Mes indispensables

Mes goûters réconforts

16 Brioches ultra moelleuses
18 Brioche perdue praliné & parmesan
21 Kouglof ou kugelhopf
24 Pancakes au lait ribot, caramel au café
27 Pâte à tartiner à l'huile d'argan
28 Chocolat chaud décadent
30 Mi-cuit au chocolat à la fève tonka
33 Cake citron & estragon
37 Pomme hivernale pomme, sarrasin & bière
38 La cueillette du jardin
40 Crème brûlée romarin & miel de romarin
42 Tiramisu au café (sans alcool)

Mes pâtisseries pour voyager

47 Île flottante herbacée, foin, chocolat & cardamome noire
48 Lassi pimpé (4 délicieuses recettes)
51 Piña & honey, ananas rôti & glace au miel de bruyère
52 Moelleux mangue, curcuma & coco
54 Panna cotta pêche, vanille & curry de Madras
57 Ice pumpkin
59 Pastilla saveur d'orient, cannelle & fleur d'oranger
61 Riz au lait, safran, mangue & pistache
65 Cake myrtille, sésame noir & matcha

Mes gourmandises parfumées

69 Guimauve mirabelle & cardamome
71 Pâte de fruit fraise & mélisse
73 Rouge passion
76 Cookies caramel au chocolat & truffe
78 Madeleines miel de châtaignier & cœur de confiture d'églantine
80 Sweet empanadas, pêche, camomille & citron

Mes pâtisseries pour épater

85 Gâteau basque orange, pamplemousse & poivre de Timut
87 Brownie gourmand au chocolat
89 Les fraises à la crème
92 Mousse au chocolat framboises & anis
94 Entremets dream
96 Tarte mûres, badiane & vanille
99 Tarte figue & feuille de figuier
103 Entremets en trompe-l'œil : pause cigare
107 Pavlova fraise, citron noir & huile d'olive
110 La finale : le soldat de cœur

116 Glossaire
118 Index
122 Remerciements

Préface du jury

Cette 9e saison du Meilleur Pâtissier s'est déroulée dans un contexte particulier comme vous le savez. Malgré cela, nos candidats n'ont pas tari de talent, de créativité ni de bonne humeur. Une parenthèse réjouissante et chaleureuse pour Mercotte, Julia et moi !

Élodie s'est particulièrement démarquée, avec une belle progression semaine après semaine. Notre gagnante 2020 nous a épatés avec ses créations originales associant des saveurs inattendues. Je garde notamment un excellent souvenir de ses Cigares en trompe-l'œil, de ses Fraises à la crème et de ses délicieuses bobines.

Merci Élodie pour ton énergie, ta sympathie et tes gourmandises !

Cyril

Élodie est un petit bout de femme très touchante, avec une belle histoire. Gérante d'une pizzeria à l'année, elle possède une vraie force de travail.

Sur le tournage, j'ai tout de suite remarqué que cette candidate avait une vraie maturité pâtissière, une personnalité pugnace et combative même si Élodie reste très impressionnable et stressée. Elle croit en ses gâteaux plus que tout, elle est déterminée. Au fil des semaines, Élodie nous a vraiment étonnés, alliant délicatesse, équilibre, originalité et technique aboutie. Ses réalisations, belles, surprenantes et inattendues, ont fait d'elle de manière évidente une prétendante à la finale.

Mercotte

Laissez-moi partager avec vous ma façon de voir la pâtisserie...

Dans la vie, rien n'est figé, tout évolue et nous procure des émotions plus ou moins intenses. Pour moi, rien n'est plus important que de ressentir et d'accepter ces émotions, car c'est alors que je suis la plus heureuse et la plus créative. La vie est pleine de surprises, de rencontres. La cuisine et la pâtisserie rassemblent les gens. Qu'ils soient inconnus, passionnés, en famille, ou amis... et c'est pour moi l'essence même de la vie.

De même, notre palais est là pour nous faire vivre des moments uniques : prenez le temps de découvrir des saveurs atypiques, de sentir les herbes aromatiques. Leur dégustation offre des sensations exacerbées : laissez-vous surprendre par l'inattendu!

Je partage ici avec vous des recettes simples avec des associations atypiques et surprenantes, de la gourmandise, des classiques car parfois la simplicité a du bon et des plus complexes pour ceux qui ont envie de se lancer. La pâtisserie ne se limite pas à des entremets, il y a différentes formes d'expression. L'essentiel, c'est de se faire plaisir.

Je pense qu'il est bon de comprendre ce que nous mangeons et la provenance des différents produits. En effet, l'alimentation est un facteur commun à toute l'humanité : tous, nous en avons besoin et nous partageons les ressources de notre Terre. Soyons humble avec ce que la nature nous offre. Alors oui, c'est bien une aventure à travers la cuisine et la pâtisserie que je vous propose dans ce livre.

La cuisine et la pâtisserie sont pour moi un art, un art de vivre, un art culinaire, une passion! La pâtisserie nécessite du temps. Pour transmettre des émotions, il faut le faire avec le cœur. Structurer ou déstructurer, décorer ou laisser le produit brut, réaliser un pochage régulier ou poser simplement une grosse cuillérée, vos créations seront toujours réalisées avec le cœur. C'est ça la pâtisserie, La GOURMANDISE, le PLAISIR, le PARTAGE!

Dans toutes mes recettes, les épices et les herbes sont bien présentes. Mais les quantités que je donne sont indicatives, car chaque palais est différent. Pour ma part, j'apprécie l'amertume et les pâtisseries peu sucrées : mes indications vont dans ce sens, mais suivez vos envies, laissez libre cours à votre créativité, n'ayez pas peur d'être différent! Notre tolérance aux saveurs, comme l'amertume, le piquant, le fruité, la douceur, est unique et mérite d'être écoutée.

Grâce à l'émission, à Cyril et Mercotte, j'ai pu me dévoiler au naturel au fur et à mesure des épreuves. Je suis très reconnaissante pour tous les conseils qu'ils m'ont donnés, j'ai pu grandir et m'enrichir à leur côté. C'est un souvenir indéfectible, je vous souhaite de ressentir autant de bonheur que j'ai pu en avoir.

Suivez vos envies, laissez libre cours à votre créativité, n'ayez pas peur d'être différent. Soyez des aventuriers de la pâtisserie ! Et surtout, amusez-vous !

Élodie

Mes indispensables

Un bon pâtissier doit être bien équipé.
Voici la mallette à outils idéale pour une réussite assurée !

1 robot pâtissier
Il est constitué de 3 accessoires : le fouet, la feuille et le crochet pétrisseur
Fouet : sert à battre les œufs, faire des émulsions, monter des blancs en neige, faire de la chantilly, de la crème fouettée...
Feuille : sert à confectionner les pâtes : pâte brisée, pâte sablée...
Crochet pétrisseur : comme son nom l'indique, il sert à pétrir les pâtes à brioche, à pain...

1 balance
Mécanique, électronique ou automatique, elle peut mesurer avec une très grande précision des quantités inférieures à 30 g et supérieures à 2 kg.

Quelques cercles, et emporte-pièces
Formes en acier inoxydable sans fond qui se posent soit sur une toile de cuisson, soit sur une feuille de papier sulfurisé, elles-mêmes posées sur la plaque du four.

1 chalumeau
Plus performant et plus régulier que le grill du four, il est indispensable pour obtenir du croquant sur les crèmes brulées.

1 cul-de-poule
Bol en métal qui existe en différents formats et sert essentiellement à monter les blancs en neige ou bien à chauffer au bain-marie les sauces, le chocolat...
Du Rhodoïd® : feuilles de plastique semi rigides et transparentes.

1 maryse
Utilisée pour mélanger, lisser et racler les pâtes

1 moule à base de silicone
Allie solidité, souplesse, anti adhérence, rapidité de cuisson, facilité de démoulage et nettoyage aisé (au lave-vaisselle, notamment). Ils ne nécessitent pas l'emploi de matière grasse.

1 moule à manqué
Moule en métal, il peut être cannelé ou uni, rond ou carré. Convient pour la pâte à biscuit ou la pâte à génoise, mais aussi pour les tatins et les tartes.

1 pinceau plat
Sert à graisser les moules, à dorer les pâtes, à coller les bords des chaussons.

1 poche à douille
En plastique ou en Inox, les douilles existent dans de multiples formes et de nombreux calibres afin de varier les décors. Elle est utilisée pour décorer les gâteaux, fourrer des choux et dresser certaines pâtes sur la plaque à pâtisserie.

1 tamis
Permet de filtrer des farines ou des liquides pour en ôter soit les grumeaux, soit les éventuels gousses ou zestes.

1 thermomètre
Muni d'une sonde, il mesure très précisément la température au cœur des produits. Très utile pour tempérer le chocolat.

... et sans oublier les essentiels :

1 petite passoire

1 rouleau à pâtisserie

1 mixeur plongeant

1 zesteur

Du film alimentaire

Mes goûters réconforts

Brioches
ultra moelleuses

Timing

- **Préparation :** 20-30 min
- **Repos :** 1 h au chaud + 1 h à une nuit au frigo + 1 h de pousse au chaud
- **Cuisson :** 40 min à 1 h

Ingrédients
(pour 2 grandes brioches, en conserver une pour la brioche perdue en p. 18)

- **La pâte à brioche**
  500 g de farine (de préférence type 00)
  20 g de levure fraîche ou 7-8 g de levure sèche
  50 g de lait entier
  10 g de sel
  70 g de sucre
  5 œufs
  250 g de beurre mou (le sortir quelques heures avant)
- **La finition**
  Un peu de lait avec du sucre (ou 1 œuf légèrement battu avec du sucre)

Mes conseils

La pousse : je place ma cuve sous plusieurs couettes dans la salle de bain ou dans le salon, en général des pièces de la maison où il fait chaud.

Beurre : vous pouvez utiliser un beurre classique, mais la brioche n'en sera que meilleure avec un beurre de qualité : beurre cru, beurre AOC, beurre fermier, etc.

Les moules : la chaleur se diffusera mieux dans des moules en métal.

Saveurs : vous pouvez aromatiser cette brioche nature en ajoutant dans votre pâte vanille, fleur d'oranger, rose, zeste d'agrume, ou en étalant, avant la cuisson, du praliné ou de la pâte à tartiner avant de rouler la brioche. Laissez libre cours à vos envies !

La pâte à brioche

Dans la cuve du robot muni du crochet, mettez la farine, le lait et la levure. Ajoutez un peu de farine pour couvrir la levure, puis le sel d'un côté, en faisant attention qu'il ne touche jamais directement la levure. Versez le sucre et ajoutez les œufs. Battez à petite vitesse pendant environ 20 minutes (jusqu'à ce que la pâte se détache de la cuve). Puis ajoutez petit à petit le beurre mou.
Continuez de pétrir encore une dizaine de minutes à une vitesse légèrement supérieure.
La pâte doit être élastique, brillante, se détacher de la cuve et former une boule autour du crochet.
Détachez le crochet et couvrez la cuve avec une serviette. Placez cette pâte dans un endroit chaud pour 1 heure : elle doit doubler de volume. Vérifiez de temps en temps. Une fois ce résultat obtenu, dégazez-la en l'écrasant avec vos mains.
Farinez un peu le plan de travail. Étalez grossièrement un rectangle, filmez au contact avec du cellophane et placez au frigo pour au moins 2 heures, plus si possible.
À ce stade, la pâte aura un peu gonflé dans le frigo, c'est normal. Vous pouvez l'utiliser telle quelle ou ajouter l'étape bonus.

ÉTAPE BONUS

Étalez la pâte dans la longueur et réalisez 3 tours simples, comme pour les viennoiseries, sans temps de pause. Cela donnera de la force à la pâte (elle sera plus élastique). Vous obtiendrez ainsi un moelleux et un filant incroyable.

Étalez la pâte en rectangle sur le plan de travail fariné d'une épaisseur d'environ 3 à 5 mm (retournez et farinez votre pâte de temps en temps pour éviter qu'elle ne colle).
Roulez la pâte en forme de boudin et découpez en 8 morceaux placés dans 2 moules (moins haut que la hauteur du moule, car la brioche va gonfler à la cuisson).
Laissez pousser jusqu'à ce que les brioches aient doublé de volume (la durée dépend de la chaleur de votre maison). Badigeonnez avec le mélange lait-sucre et enfournez à mi-hauteur de 40 minutes à 1 heure, à 170°C.
Quand elles ont pris une couleur bien dorée, vous pouvez les sortir du four. Laissez-les refroidir avant de les démouler.

Brioche perdue
praliné & parmesan

Timing
- **Préparation :** 30 min
- **Cuisson :** 5-10 min

Ingrédients
(pour 6-8 parts)

- **Le praliné**
  150 g de noisettes + 20 g pour le décor
  100 g de sucre
  20 g de parmesan
- **L'imbibage**
  3 œufs
  70 g de sucre
  200 g de crème
  200 g de lait
- **La finition**
  Le zeste d'1 citron

Mes conseils

Le sucre : vous pouvez remplacer le sucre blanc par du sucre complet (rapadura, sucre de coco, muscovado) pour apporter plus de saveur.

Le lait : vous pouvez remplacer le lait de vache par du lait végétal.

Gourmandise : je vous conseille d'ajouter une boule de glace à la noisette ou un sorbet citron, que vous déposerez sur la brioche perdue.

La brioche
Après avoir dévoré votre première brioche, vous avez conservé la deuxième pour faire du pain perdu, encore plus gourmand !

Le praliné
Torréfiez les noisettes dans le four à 180°C pendant 10 à 15 minutes.
Mettez le sucre dans une poêle et réalisez un caramel à sec sur feu moyen. Arrêtez le feu avant qu'il prenne une couleur foncée, au risque qu'il soit trop amer. Versez 150 g de noisettes sur le caramel, mélangez bien et reversez le tout sur un Silpat® ou sur du papier sulfurisé graissé.
Attendez que le caramel durcisse, puis mixez longuement en faisant des pauses, jusqu'à obtenir un praliné bien lisse. Transvasez dans un bol et réservez pour le dressage.

L'imbibage
Dans un bol, battez les œufs avec le sucre, la crème et le lait.
Trempez de belles tranches de brioche dans ce mélange et laissez-les absorber.
Faites chauffer une noisette de beurre dans une poêle antiadhésive sur feu moyen, puis faites revenir les brioches imbibées, environ 2 minutes de chaque côté. Vous devez obtenir une couleur bien dorée.

Débarrassez une part de brioche par assiette, déposez sur chacune du praliné noisette et parsemez légèrement de parmesan (sans excès, cela doit rester un assaisonnement). Zestez un peu de citron sur le praliné pour ajouter de la fraîcheur.
J'adore remplacer la fleur de sel par du parmesan, qui apporte une touche d'originalité !

Kouglof ou kugelhopf
(mon souvenir d'enfance)

Timing
- **Préparation :** 1 h
- **Repos :** 2-3 h
- **Cuisson :** 45 min à 1 h

Ingrédients
(pour 1 gros kouglof)

- **La pâte à kouglof**
  200 g de lait
  25 g de levure de boulanger fraîche
  500 g de farine
  100 g de sucre
  5 g de sel
  2 œufs
  200 g de beurre + 50 g pour le moule
  150 g de gros raisins secs
  150 g d'amandes
- **La finition**
  50 g de sucre glace

Mes conseils

La pousse : je fais lever la pâte dans mon salon avec des couettes par-dessus pour augmenter la chaleur, ou dans la salle de bain proche d'un chauffage.

Les raisins : si vous n'aimez pas les raisins, vous pouvez les remplacer par des pépites de chocolat.

Le lait : ne doit pas être brûlant, mais à peine tiède. C'est très important, car le lait trop chaud suspend l'action de la levure.

Bonus : vous pouvez utiliser la recette de l'imbibage de la brioche perdue pour faire du kouglof perdu, succès garanti !

La pâte à kouglof
Placez les raisins dans un peu d'eau tiède pour les faire gonfler.
Faites tiédir le lait et ajoutez la levure, mélangez puis laissez reposer 5 minutes.
Dans la cuve du robot avec le crochet, mettez la farine, le sucre, les œufs et le sel. Mélangez vivement puis ajoutez la totalité du mélange lait/levure. Continuez de mélanger à pleine puissance pendant 10 bonnes minutes, jusqu'à obtenir une pâte élastique et bien amalgamée. Tout en continuant à battre à pleine vitesse, ajoutez au fur et à mesure le beurre mou. Quand la pâte commence à se détacher de la cuve, battez encore 10 minutes. À ce stade la pâte doit être lisse, brillante, et bien se détacher.
Ajoutez les raisins préalablement essorés et laissez tourner quelques instants afin de bien les incorporer : votre kouglof en sera d'autant plus moelleux !

Couvrez la cuve avec une serviette et placez-la dans un endroit chaud pendant 1 à 2 heures ou plus si besoin, selon la température de la pièce. La pâte doit doubler de volume. Une fois que c'est le cas, dégazez-la en la tapotant jusqu'à ce qu'elle revienne à son volume initial.

Beurrez bien le moule à kouglof jusqu'en haut. Disposez une, deux, voire trois amandes (j'en mets toujours trois) au fond du moule dans chaque ligne en remontant. Faites un trou au milieu de la pâte, et déposez-la au fond du moule. Couvrez avec une serviette. Placez-la de nouveau dans un endroit chaud pendant 1 à 2 heures. La pâte doit presque arriver sur les bords.
Enfournez pendant 45 minutes à 180°C. Ajustez le temps si vous constatez que la brioche nécessite encore quelques minutes de cuisson. Si le dessus colore trop vite, déposez une feuille de papier aluminium sur le dessus pour que votre brioche ne brûle pas.
Sortez le kouglof du four et démoulez-le sur une grille. Une fois refroidi, saupoudrez de sucre glace avec un tamis.

CHUPA
Chups

vitam aeternam

Pancakes
au lait ribot, caramel au café

Timing

- **Préparation :** 15 min
- **Cuisson :** 15 min

Ingrédients
(pour 6-8 pancakes)

- **Les pancakes**
  2 œufs (moyens)
  2 c. à s. de sucre
  150 g de lait ribot
  150 g de farine
  6 g de levure chimique
  Une pincée de sel
  Un peu de beurre (pour la poêle)

- **Le caramel au café**
  150 g de sucre
  60 g de beurre
  50 g de crème
  50 g de café

- **La finition (en option)**
  2 à 3 bananes
  1 c. à s. de crème épaisse d'Isigny ou crème épaisse de Bresse

Mes conseils

Le lait ribot : ce lait fermenté apportera plus de légèreté et une touche d'acidité à vos pancakes ; sinon, vous pouvez utiliser du lait de vache ou du lait végétal.

Le caramel : trempez le dos d'une cuillère dans le caramel, quelques gouttes vont tomber puis la dernière goutte doit tenir à la cuillère. À ce stade, le caramel est en train d'épaissir. Quand le caramel va figer sur la cuillère, alors il est prêt. Attention : une fois au frigo le caramel va épaissir, si vous le souhaitez plus liquide, quelques secondes au micro-ondes suffiront. Vous pouvez le conserver dans un pot en verre au frigo.

Les pancakes

Séparez les blancs des jaunes. Battez les jaunes avec le sucre jusqu'à obtenir un mélange mousseux. Ajoutez le sel et le lait ribot, mélangez bien. Tamisez la farine avec la levure et mélangez à nouveau jusqu'à l'obtention d'une préparation sans grumeaux. Battez les blancs d'œufs en neige bien ferme, puis incorporez-les délicatement en plusieurs fois.

Faites chauffer une poêle antiadhésive avec une noisette de beurre. Coulez une louche de la préparation. Lorsque des bulles commencent à apparaître, tournez délicatement le pancake et laissez cuire l'autre face progressivement, sur feu doux. Les pancakes doivent être bien dorés, et cuits à l'intérieur.

Réservez vos pancakes dans une assiette.

Le caramel au café

Dans une casserole, faites fondre le sucre progressivement jusqu'à l'obtention d'un caramel ambré, et faites décuire avec le beurre (bien mélanger). Attention aux projections !

Ajoutez la crème et le café chaud, et continuez de mélanger. Laissez sur le feu jusqu'à obtenir une texture sirupeuse. Passez au mixeur plongeant pour homogénéiser.

Stoppez la cuisson et placez dans un bocal en verre jusqu'à refroidissement.

La finition

Empilez les pancakes sur une assiette, mettez une belle cuillère de crème, puis versez du caramel par-dessus et, si vous le souhaitez, disposez des rondelles de banane.

Pâte à tartiner
à l'huile d'argan

Timing

- **Préparation :** 30 min
- **Cuisson :** 10-15 min

Ingrédients

(pour 1 pot)

200 g de noisettes
150 g de chocolat au lait
100 g de sucre semoule
10 g de lait en poudre
20 g d'huile d'argan
Une pincée de fleur de sel

Mes conseils

Le praliné : vous pouvez remplacer les noisettes par des amandes. Dans tous les cas, mixez en faisant des pauses pour ne pas fatiguer le moteur de votre robot.

L'huile d'argan : vous pouvez en trouver dans une épicerie orientale ou dans certaines grandes surfaces. L'huile d'argan possède une saveur qui rappelle la noisette grillée et qui donne toute son originalité à cette pâte à tartiner.

La conservation : laissée à température ambiante, cette pâte à tartiner restera liquide. Mélangez-la, car l'huile peut remonter. Vous pouvez également la placer au réfrigérateur, mais elle va se raffermir.

Faites préchauffer le four à 180°C.
Étalez les noisettes sur du papier cuisson ou un Silpat®, et faites-les torréfier pendant 10 à 15 minutes. Sortez-les du four et versez-les sur une serviette, puis frottez-les entre elles pour enlever le maximum de peau, qui apporte de l'amertume.

Réalisez un caramel : faites fondre le sucre dans une casserole, sans le mélanger pour éviter qu'il ne masse, c'est-à-dire que des grumeaux n'apparaissent. Versez sur un Silpat® avec la fleur de sel et laissez refroidir.

Versez les noisettes et le caramel dans un mixeur et mixez en plusieurs fois, jusqu'à obtenir une texture lisse. Le gras des noisettes va sortir et permettre de former un praliné.

Faites fondre le chocolat au lait. Ajoutez le praliné, le lait en poudre et l'huile d'argan. Mixez le tout pour homogénéiser. Vous devez alors obtenir une pâte à tartiner lisse et brillante. Versez dans un bol propre et sec, fermez avec un couvercle.

Chocolat chaud décadent

thé noir fumé orange & pop-corn
(pour une version audacieuse)

thé noir aux agrumes, orange & pop-corn
(pour une version plus douce)

Timing

- **Préparation :** 30 min
- **Repos :** 10 min
- **Cuisson :** 10 min

Ingrédients
(pour 4-6 tasses)

- **Le chocolat chaud**
  170 g de chocolat noir (Caraïbe 66 % de Valrhona®)
  40 g de chocolat au lait (Caramélia 36 % de Valrhona®)
  40 g de chocolat au lait (Bahibé 46 % de Valrhona®)
  350 g de crème fleurette à 30 % de matière grasse minimum
  500 g de lait entier
  25 g de sucre
  1 c. à c. de thé noir fumé de la maison Mariage Frères®, Grand Mandchou® ou Tzar Alexandre aux agrumes®
  1 orange

- **Le pop-corn au chocolat**
  35 g de maïs à pop-corn
  100 g de chocolat noir (Caraïbe 66 % de Valrhona®)
  1 c. à c. de beurre
  Fleur de sel
  Un peu d'huile neutre

- **La chantilly à la vanille**
  250 g de crème liquide à 30 % de matière grasse minimum
  50 g de mascarpone
  1 à 2 c. à s. de sucre glace
  1 gousse de vanille

- **La finition (en option)**
  1 orange

Le chocolat chaud

Faites chauffer le lait, zestez l'orange et ajoutez le thé noir. Laissez infuser quelques minutes. La saveur est très puissante, mais si vous appréciez cette particularité, n'hésitez pas à ajouter un peu plus de thé ; en effet, l'adjonction de la crème et du chocolat vont diminuer la puissance de l'infusion. Filtrez le thé avec un tamis et ajoutez la crème. Mélangez.
Remettez à chauffer, sur feu très doux. Ajoutez les chocolats et le sucre, en ajustant la quantité à votre goût.
Laissez fondre tranquillement, puis mixez avec un mixeur plongeant jusqu'à obtenir un chocolat lisse et onctueux. Réservez sur feu très doux.

Le pop-corn au chocolat

Dans une casserole, faites chauffer un peu d'huile sur feu vif. Versez le maïs, mettez un couvercle et baissez sur feu moyen. Les grains de maïs vont commencer à éclater et devenir du pop-corn. Secouez un peu la casserole pour que tout soit homogène. Lorsque les pop-corn n'éclatent plus, retirez la casserole du feu.
Faites fondre le chocolat au micro-ondes avec le beurre et versez-le sur le pop-corn.
Mélangez bien en veillant à tout enrober. Ajoutez un peu de fleur de sel et mélangez. Versez le tout sur une plaque en espaçant les pop-corn et placez au réfrigérateur, ou laissez cristalliser à température ambiante (cela prendra plus de temps).

La chantilly à la vanille

Dans la cuve du batteur, versez la crème liquide très froide avec le mascarpone et la vanille préalablement fendue et grattée. Commencez à battre à vitesse moyenne et conservez cette vitesse tout en ajoutant le sucre glace. Restez près de votre robot car la crème peut rapidement trancher, c'est-à-dire se transformer en beurre. Une fois qu'elle est bien dense, placez la crème dans une poche à douille avec une douille cannelée et réservez au réfrigérateur.

Le montage

Dans chaque tasse, versez le chocolat chaud, ou tiède si vous préférez. Pochez généreusement de la chantilly par-dessus.
Parsemez de pop-corn au chocolat. Zestez une orange. Ajoutez une paille en carton ou une cuillère, et dégustez.

Mes conseils

Le thé noir fumé : si vous trouvez sa saveur trop puissante et particulière, vous pouvez le remplacer par un thé noir aux agrumes, en augmentant un peu les quantités pour l'infusion.

Le chocolat : je préfère varier les chocolats pour avoir un bel équilibre, mais vous pouvez bien entendu n'en utiliser qu'un seul ; de préférence de qualité, votre chocolat chaud n'en sera que meilleur.

La finition : vous pouvez planter un demi-cookie dans votre chocolat chaud, pour encore plus de gourmandise !

Mi-cuit au chocolat
à la fève tonka

Timing

- **Préparation :** 20 min
- **Cuisson :** 8 à 10 min

Ingrédients
(pour 6 portions)

- **Le mi-cuit**
  95 g de chocolat noir (Caraïbe 66 % de Valrhona®)
  90 g de beurre
  3 œufs
  100 g de sucre
  40 g de farine
  1 gousse de fève tonka
  Une pincée de fleur de sel

- **La finition**
  1 boule de glace vanille ou de cerise

Mes conseils

Les épices : vous pouvez remplacer la fève tonka par un autre ingrédient qui se marie bien avec le chocolat : par exemple le poivre de Timut, un zeste de pamplemousse ou encore du thym.

Le chocolat : j'aime les chocolats noirs puissants, à 66 % ou 70 % de cacao, mais vous obtiendrez une saveur plus douce si vous choisissez un chocolat noir moins corsé, ou un chocolat au lait. Dans ce cas, réduisez le beurre à 75 g.

La glace à la cerise : est un accord très intéressant avec la tonka.

La cuisson : à 8 minutes, vous obtenez un mi-cuit ultra coulant ; si vous ajoutez du temps, le cœur sera fondant.

Le mi-cuit

Faites préchauffer le four à 200°C.
Dans une casserole, faites fondre le beurre avec le chocolat, râpez un peu de fève tonka : ajoutez-en au fur et à mesure et goûtez, car c'est une épice puissante.
Dans un bol, battez les œufs avec le sucre jusqu'à l'obtention d'un mélange bien mousseux.
Mélangez les deux préparations, puis ajoutez la farine tamisée et la fleur de sel.

Prenez des cercles à pâtisserie (type nonnette), découpez du papier cuisson et enroulez-le à l'intérieur des cercles, puis versez la préparation finale en remplissant à trois quarts de hauteur. Si vous n'avez pas de cercles, vous pouvez utiliser tout simplement des ramequins. Beurrez-les avant d'y verser le mélange.

Enfournez pendant environ 8 minutes, en surveillant la cuisson et en ajustant la durée selon votre four pour obtenir le coulant que vous souhaitez. À leur sortie du four, posez les cercles sur une assiette, ôtez-les délicatement ainsi que le papier cuisson.

Cake
citron & estragon

Timing

- **Préparation :** 15-20 min
- **Cuisson :** 1 h

Ingrédients
(pour 6-8 personnes)

- **Le cake**

3 citrons verts
160 g de sucre en poudre
80 g de beurre fondu
4 œufs
10 à 15 feuilles d'estragon ciselées
100 g de crème liquide entière
240 g de farine
2 c. à c. de levure chimique
30 g de miel de citronnier
(ou de miel d'acacia)
Une pincée de sel

- **Le glaçage**

85 g de sucre glace
Le jus d'½ citron vert

Mes conseils

Le citron vert : vous pouvez le remplacer par n'importe quel autre agrume.

L'estragon : 10 à 15 feuilles offrent une saveur subtile ; pour une saveur plus prononcée, optez pour 20 à 25 feuilles.

Astuce : placez dans une poche à douille ou dans un sac congélation 50 g de beurre pommade, découpez le bout de la poche (ou un coin du sac). Déposez dans la longueur du cake, au milieu, un cordon de beurre pommade. Le cake se développera mieux à la cuisson.

Le cake

Dans un bol, zestez les citrons verts dans le sucre et mélangez afin d'aromatiser le sucre (vous pouvez le faire avec n'importe quel agrume). Faites fondre le beurre au micro-ondes ou dans une casserole et laissez-le refroidir. Battez le sucre aromatisé au citron avec les œufs et le miel jusqu'à obtenir un mélange bien mousseux. Mixez légèrement la crème avec l'estragon puis ajoutez-la au mélange œuf/sucre. Versez la farine tamisée avec la levure en 3 fois et mélangez jusqu'à obtenir un mélange épais. Ajoutez la pincée de sel, puis le beurre fondu. Battez le mélange sans trop insister.
Avec un pinceau, badigeonnez votre moule à cake de beurre fondu, puis farinez-le. Coulez la préparation dans le moule et enfournez pour 1 heure à 160°C. Au bout de 45 minutes, piquez le centre avec la pointe d'un couteau pour vérifier la cuisson. Le couteau doit ressortir propre ; sinon, poursuivez la cuisson en vérifiant de temps en temps.

Le glaçage

Mélangez le sucre glace avec le jus de citron vert, jusqu'à obtenir une texture pas trop liquide ni trop pâteuse.

Le montage

Quand le cake est cuit, sortez-le du four. Attendez qu'il refroidisse avant de le démouler sur une grille.
Badigeonnez le dessus et les côtés avec le glaçage. Laissez reposer avant de déguster, et décorez le cake à votre convenance, avec une tranche de citron vert séchée ou une feuille d'estragon par exemple.

Ad vitam aeternam

Pomme hivernale
pomme, sarrasin & bière

Timing
- **Préparation :** 30 min
- **Repos :** 30 min
- **Cuisson :** 35-50 min

Ingrédients
(pour 8 personnes)

- **La chantilly au sarrasin**
  250 g de crème liquide à 30 % de matière grasse minimum
  50 g de mascarpone
  1 c. à s. de sucre glace
  Une grosse poignée de sarrasin torréfié
- **Le crumble au sarrasin**
  70 g de farine de sarrasin
  70 g de beurre doux
  40 g de poudre d'amande
  70 g de cassonade
- **Le caramel à la bière de Noël**
  150 g de sucre
  60 g de beurre
  200 g de bière de Noël
- **Le montage**
  4 pommes

Mes conseils

Les pommes : choisissez une variété qui se tient bien à la cuisson, par exemple pink lady, golden, reine des reinettes, granny smith. J'aime laisser la peau, mais vous pouvez aussi l'enlever.

La bière : j'ai choisi une bière brune aux épices, mais vous pouvez utiliser une bière plus douce.

La chantilly : si la quenelle de chantilly vous paraît trop complexe à réaliser, déposez tout simplement deux grosses cuillères à soupe de chantilly : ce sera tout aussi bon !

La chantilly au sarrasin
Faites chauffer 100 g de crème liquide avec le sarrasin torréfié, et laissez infuser pendant 5 à 10 minutes. Filtrez dans un tamis et récupérez la crème chaude. Pesez-la et complétez avec le reste de crème froide jusqu'à obtenir 150 g. Réservez au réfrigérateur jusqu'à complet refroidissement. Au moment du montage, ajoutez le mascarpone.

Le crumble au sarrasin
Préchauffez le four à 180°C.
Mélangez la cassonade, la farine, le beurre froid et la poudre d'amande entre vos doigts ou dans la cuve du robot jusqu'à obtenir un sablage épais. Déposez le mélange obtenu sur une plaque recouverte de papier cuisson et enfournez pour 15 à 20 minutes. Le crumble doit être bien doré. Une fois cuit, laissez-le refroidir en attendant le dressage.

Le caramel à la bière de Noël
Réalisez un caramel à sec dans une casserole avec le sucre ; quand la couleur est bien ambrée, déglacez avec le beurre. Mélangez bien, en prenant garde aux projections, car c'est très chaud.
Une fois que le beurre a fondu, versez la bière et laissez cuire sans cesser de mélanger, jusqu'à obtenir un caramel sirupeux. Réservez pour la cuisson.

Le montage
Augmentez la chaleur du four à 200°C.
Lavez les pommes, enlevez le cœur au vide-pomme, puis coupez-les en deux. Placez-les dans un plat allant au four, versez par-dessus du caramel à la bière et enfournez pour 15 à 25 minutes. Arrosez régulièrement avec le caramel, les pommes doivent être fondantes.
À leur sortie du four, posez les pommes dans une assiette, puis placez au réfrigérateur pour 30 minutes environ. Récupérez le caramel restant et faites-le réduire doucement dans une casserole jusqu'à obtenir une texture plus dense (cf. astuce du caramel au café P 24).
Pendant que les pommes refroidissent, montez la chantilly : battez la crème au sarrasin au batteur ou au robot avec du sucre glace, jusqu'à obtenir une chantilly ferme. Restez devant votre batteur pour surveiller la chantilly qui peut trancher rapidement.
Au centre d'une assiette, déposez du crumble, puis une demi-pomme par-dessus, côté bombé vers le bas. Avec deux cuillères à soupe, réalisez une quenelle de chantilly et placez-la sur la pomme. Arrosez de caramel à la bière froid. Enfin, parsemez de crumble.

LE MEILLEUR PATISSIER

La cueillette du jardin

Timing

- **Préparation :** 2 h
- **Cuisson :** 1 h
- **Repos :** 45 min

Ingrédients

(pour 6-8 tartelettes)

- **La pâte sucrée**
  150 g de beurre
  95 g de sucre glace
  30 g de poudre d'amande
  60 g d'œuf (1 œuf)
  1 pincée de sel
  250 g de farine T55

- **La crème d'amande**
  45 g de sucre
  45 g de beurre
  45 g de poudre d'amande
  45 g d'œuf

- **La compotée de pomme**
  100 g de cidre
  3 g de pectine
  10 g de sucre
  4 pommes (2 chanteclerc / 2 cortland)
  20 g de beurre
  30 g sucre complet

La pâte sucrée

Mélangez le beurre pommade avec le sucre glace, la poudre d'amande, l'œuf et le sel à vitesse lente jusqu'à obtenir un mélange homogène. Puis ajoutez la farine, pétrissez le moins possible.
Mettez la pâte entre deux feuilles de papier cuisson et étalez à 2 mm. Placez au frigo le temps que la pâte durcisse. Ainsi, elle sera plus facile à manipuler.
Foncez les cercles préalablement beurrés, et mettez-les au congélateur 2 heures pour que la pâte ne s'affaisse pas à la cuisson.
Enfournez à 170°C pendant 10 à 15 minutes, si possible sur un Silpat® perforé. Vous pouvez badigeonner les tartelettes avec un peu de jaune d'œuf et d'eau pour imperméabiliser et faire briller.

La crème d'amande

Mélangez le beurre pommade, le sucre, et la poudre d'amande puis ajoutez l'œuf sans trop mélanger (la texture doit quand même être homogène).
Mettez la préparation dans une poche à douille. Versez la crème dans la pâte presque cuite et continuez la cuisson pendant 10 à 15 minutes (vérifiez au fur et à mesure la consistance).
La pâte doit avoir une belle couleur ambrée.

La compotée de pomme

Mélangez le sucre et la pectine.
Faites compoter les pommes chanteclerc préalablement coupées en brunoise avec le beurre et le sucre complet. Versez le cidre. Quand le mélange est chaud, ajoutez la pectine et le sucre; continuez la cuisson 2 minutes jusqu'à obtenir une compotée fondante puis réservez.
Coupez les pommes cortland en brunoise. Mélangez les pommes cuites et crues ensemble.
Recouvrez la crème d'amande de la compotée de pomme et lissez jusqu'au bord.
Avec le reste de compotée, remplissez les demi-sphères et congelez. Placez les tartelettes au frigo.

La ganache pomme/sauge

Préparez la masse de gélatine en mélangeant les 36 g d'eau et les 6 g de gélatine.

- **La ganache pomme/sauge**
  400 g de crème
  113 g de chocolat blanc
  6 g de gélatine en poudre + 36 g d'eau
  100 g de jus de pomme
  4-5 feuilles de sauge

- **La coque en chocolat**
  125 g de chocolat blanc
  125 g de beurre de cacao
  2 g de colorant vert

Faites infuser la sauge dans 100 g de crème puis filtrez et versez sur le chocolat préalablement fondu, émulsionnez et ajoutez la masse de gélatine. Ajoutez le reste de crème froide, mixez puis versez le jus de pomme et mixez encore une fois (mettez le jus après la crème froide tout en mixant pour éviter que la ganache tranche au contact de l'acidité).
Réservez au frais avant de la monter.

La coque en chocolat

Faites fondre le chocolat blanc et le beurre de cacao avec le colorant vert. Utilisez à 45°C.

Le montage

Sortez les tartelettes du frigo.
Mettez la ganache dans la cuve du batteur avec le fouet et montez à vitesse moyenne jusqu'à obtenir une texture ferme (la ganache doit tenir au fouet). Placez dans une poche à douille munie d'une douille saint-honoré ou réalisez-la vous-même (astuce dans la recette de la tarte à la figue en P 100). Pochez la ganache d'un geste net.
Sortez les demi-sphères. Plantez un cure-dent dans chaque demi-sphère puis trempez-les dans le mélange chocolat blanc et colorant vert deux fois, attendez que le chocolat fige et posez-les au milieu des tartelettes.

Crème brûlée
romarin & miel de romarin

Timing
- **Préparation :** 20 min
- **Repos :** 2-4 h
- **Cuisson :** 1 h à 1 h 15 min

Ingrédients
(pour 5-6 personnes)

60 g de sucre
5 jaunes d'œufs moyens (ou 6 petits)
125 g de lait
Une belle branche de romarin
380 g de crème
40 g de miel de romarin
Un peu de cassonade pour caraméliser la crème

Mon conseil

Le romarin : pour parfumer la crème brûlée, vous pouvez remplacer le romarin par des zestes d'agrumes, de l'eau de rose, de la fleur d'oranger, du thym, de la lavande, de la muscade ou encore de la cannelle et du laurier.

Battez le sucre et le miel avec les jaunes d'œufs. Le mélange doit blanchir, sans mousser.

Faites chauffer le lait et faites-y infuser une branche de romarin (n'en mettez pas trop, ça peut devenir très fort) et ajoutez 100 g de crème. Au bout de 5 minutes, goûtez et retirez la branche. Versez le lait chaud sur le mélange jaunes/sucre. Remuez, toujours sans faire mousser. Ajoutez la crème froide restante et mélangez. Pour obtenir une crème bien lisse, évitez d'incorporer trop d'air et de rendre le mélange mousseux. Passez le tout à travers un tamis.

Faites préchauffer le four à 100°C, voire 110°C (maximum). Versez la crème dans des ramequins préalablement posés sur une plaque. Faites cuire environ 1 heure : si la crème manque de cuisson, n'hésitez pas à prolonger de 15 minutes. Elle est cuite quand elle se tient, mais qu'elle reste encore tremblotante.

Après la cuisson, laissez refroidir au réfrigérateur quelques heures. Une fois que la crème a bien pris, sortez-la et enlevez l'humidité avec du papier absorbant. Saupoudrez de cassonade et caramélisez à l'aide d'un chalumeau. Vous pouvez réitérer la caramélisation si vous souhaitez une couche plus craquante.

Tiramisu au café (sans alcool)

Timing

- **Préparation :** 20 min (express) ou 40 min
- **Repos :** 4 h (ou 1 nuit si possible)
- **Cuisson :** 10-15 min

Ingrédients

(pour 8 personnes)

- **Les biscuits cuillères**
  Option express : achetez 2 grandes boîtes de biscuits cuillères de bonne qualité
  Option 100 % maison : réalisez deux plaques de biscuits cuillères maison
  6 œufs
  150 g de sucre
  80 g de farine
  80 g de fécule ou de Maïzena®
  50 g de sucre glace
- **La crème**
  800 g de mascarpone
  6 œufs
  120 g de sucre
- **L'imbibage**
  600 g de café
  Ou du café filtre (on obtiendra un café moins prononcé en goût)
- **La finition**
  50 g de cacao en poudre

Mes conseils

La crème : si votre crème ne tient pas au fouet ce n'est pas grave, elle va se raffermir au réfrigérateur. La texture sera moins mousseuse et aura moins de volume.

Les biscuits : je préfère utiliser des biscuits cuillère plutôt que des boudoirs, la texture est bien plus moelleuse et savoureuse (un vrai petit nuage !). Je les imbibe généreusement, car j'aime quand le biscuit est bien gorgé mais qu'il garde de la mâche.

Les biscuits cuillères

Préchauffez le four à 180°C.
Clarifiez les œufs. Battez les jaunes avec 70 g de sucre jusqu'à ce que le mélange double de volume et devienne bien mousseux. Réservez.
Dans un autre bol, montez les blancs à grande vitesse tout en versant 80 g de sucre, en 3 à 4 fois, pour obtenir une belle meringue ferme.
Tamisez la farine et la fécule sur le mélange jaunes/sucre. Incorporez délicatement avec une maryse : soulevez de bas en haut en tournant le bol doucement. Incorporez les blancs en neige en plusieurs fois avec une maryse, toujours délicatement pour ne pas casser les blancs.

Mettez la préparation dans une poche à douille. Posez une feuille de papier cuisson ou un Silpat® sur une plaque d'environ 40 x 30 cm. Dessinez les dimensions de votre moule sur le papier cuisson, tournez le papier dans l'autre sens pour éviter d'avoir l'empreinte du stylo sur le biscuit. Pochez des bandes, les unes à côté des autres en respectant votre « dessin » : vous obtiendrez ainsi des biscuits cuillères à la dimension de votre moule. Tamisez du sucre glace sur les biscuits pour les faire perler.
Réalisez une deuxième plaque identique.

Enfournez pour 10 à 15 minutes en surveillant la cuisson. Intervertissez les plaques pour homogénéiser si vous constatez que certains biscuits cuisent plus vite. Les biscuits sont cuits quand ils sont légèrement dorés. Enlevez le papier cuisson de la plaque, posez sur une grille pour stopper la cuisson. Laissez refroidir avant de décoller délicatement les biscuits.

La crème

Séparez les blancs des jaunes. Au robot, battez les jaunes avec 100 g de sucre jusqu'à obtenir un mélange bien mousseux et qui aura doublé de volume. Levez la tête du batteur, ajoutez le mascarpone à température ambiante en une seule fois. Refermez et recommencez à battre à vitesse moyenne. Quand votre mascarpone est bien amalgamé et bien dense (le mélange doit tenir au fouet), arrêtez le robot. Réservez.
Dans un autre bol, battez les blancs avec les 20 g de sucre restants jusqu'à ce qu'ils soient bien fermes. Incorporez-en un quart à la crème pour la détendre, puis ajoutez une deuxième partie et enfin le reste. Mélangez délicatement pour ne pas casser les blancs.

Le montage

Dans votre moule, déposez une plaque de biscuits cuillères. À l'aide d'un pinceau, imbibez-les généreusement de café.

Le café : utilisez de préférence du café « expresso », qui a plus de puissance aromatique. J'aime pour ma part les grandes cafetières italiennes !

Alternatives : si vous n'aimez pas le café, vous pouvez le remplacer par un sirop de fruit et ajouter des fruits frais dans la crème. Autre possibilité : remplacer les biscuits cuillères par des spéculoos trempés dans le café.

Recouvrez d'une belle couche de crème, plutôt épaisse. Puis disposez par-dessus une autre couche de biscuits, imbibez à nouveau généreusement et recouvrez de crème.
Avec le restant de crème et de biscuits, vous pouvez réaliser des verrines sur le même modèle.
Filmez votre plat et placez-le au réfrigérateur pour au moins 4 heures, ou si possible 1 nuit : le tiramisu est meilleur le lendemain de sa réalisation.

Au moment de servir, saupoudrez généreusement de cacao en poudre.

Mes pâtisseries pour voyager

Île flottante herbacée

foin, chocolat & cardamome noire

Timing

- **Préparation :** 30 min
- **Repos :** 30 min
- **Cuisson :** 15 min

Ingrédients

(pour 6-8 îles flottantes)

- **La crème anglaise au foin**
  800 g de lait entier
  Une grosse poignée de foin
  6 jaunes d'œufs
  80 g de sucre
- **Les blancs en neige**
  4 blancs d'œufs
  80 g de sucre blanc
- **La sauce chocolat**
  70 g de chocolat noir
  (Manjari 64 % de Valrhona ®)
  1 c. à c. d'huile neutre
- **La finition**
  Une gousse de cardamome noire
  50 d'amandes effilées

Mes conseils

Le foin : c'est le même que celui utilisé pour les animaux domestiques ! Le plus « savoureux » reste le foin de Crau, facile à trouver dans une animalerie. Aussi bizarre que cela puisse paraître, le foin est tout à fait comestible, et infusé c'est même très bon ! Il apportera un goût légèrement vanillé, végétal.

La cardamome noire : bien différente de la cardamome verte qui est plus « sucrée » au nez, cette épice a des odeurs de fumée un peu camphrée. Personnellement, je l'utilise aussi pour réaliser des bouillons.

Variation : à la place du foin, vous pouvez faire infuser du café dans le lait. Vous pouvez également remplacer le chocolat noir par du chocolat Dulcey de Valrhona® : dans ce cas, ne mettez pas de cardamome noire.

La crème anglaise au foin

Brûlez légèrement le foin et versez le lait dessus. Laissez infuser en goûtant de temps en temps, pour obtenir une saveur bien prononcée.
Mélangez les jaunes avec le sucre jusqu'à ce que le mélange blanchisse légèrement.
Filtrez le lait et récupérez-en 500 g. Versez-en un tiers sur le mélange jaunes/sucre, mélangez et transvasez dans la casserole avec le lait restant.
Faites cuire à 83° C avec un thermomètre, sans cesser de remuer : une fois la température atteinte, arrêtez la cuisson. Si vous n'avez pas de thermomètre pour surveiller la cuisson, vous pouvez faire cuire à la nappe. Mélangez la crème anglaise. Pour vérifier la cuisson, tracez un trait horizontal avec votre doigt : si la trace ne disparaît pas, votre crème anglaise est cuite.
Débarrassez dans un bol et mettez au frais.

Les blancs en neige

Dans la cuve du batteur muni du fouet, montez les blancs puis versez le sucre en plusieurs fois jusqu'à obtenir une meringue ferme. Les blancs doivent être bien serrés.
Pour leur cuisson, plusieurs techniques s'offrent à vous :

- Le micro-ondes : remplissez des moules demi-cercle préalablement graissés et lissez avec une spatule, ou réalisez des grosses quenelles avec deux cuillères. À 600W, faites cuire 10 à 15 secondes par quenelle ; attendez un peu et démoulez.
- Le pochage dans du lait ou de l'eau : remplissez une casserole d'eau ou de lait. Faites chauffer et déposez-y de grosses boules de blanc en neige. Laissez cuire 1 minute de chaque côté. Égouttez dans une passoire et laissez refroidir.
- Au four : faites chauffer votre four à 180°C. Pochez les blancs dans des moules en silicone préalablement graissés, lissez avec une spatule et faites cuire 3 minutes. Laissez refroidir et démoulez délicatement.

La sauce chocolat

Faites fondre le chocolat et l'huile au micro-ondes. Mélangez pour obtenir une texture lisse et brillante.

La finition

Faites torréfier doucement les amandes dans une poêle.
Dans une assiette creuse ou un bol, versez de la crème anglaise et déposez une boule de blanc en neige.
À l'aide d'une cuillère à soupe, décorez avec la sauce chocolat. Râpez un tout petit peu de cardamome noire : attention, c'est très puissant !

Lassi pimpé
4 délicieuses recettes

Timing
- **Préparation :** 10 min

Ingrédients
(pour 2 grands verres)

- **Banane/curcuma/gingembre/vanille**
  2 bananes
  2 c. à c. de curcuma
  Un peu de gingembre râpé
  Une belle pincée de vanille
  300 g de yaourt
  100 g de lait
  1 à 2 c. à s. de miel d'acacia
  Des glaçons
- **Dattes/fleur d'oranger/muscade**
  6 dattes Medjool dénoyautées (ou 150 g de pâte de datte) (magasin bio ou magasin spécialisé)
  2 c. à s. d'eau de fleur d'oranger
  1 c. à c. de muscade
  450 g de yaourt
  Des glaçons
  Ajustez le sucre en goûtant, car les dattes sont déjà très sucrées
- **Fruit de la passion/mangue/coriandre**
  2 ou 3 fruits de la passion
  1 grosse mangue
  Quelques feuilles de coriandre fraîche
  400 g de yaourt
  1 à 2 c. à s. de miel de coriandre
  Des glaçons
- **Masala (chaï/café/cannelle)**
  2 c. à s. de mélange épice chaï (vous pouvez rajouter ½ cuillère si vous souhaitez une saveur plus prononcée)
  Une tasse d'expresso
  300 g de yaourt au lait de brebis
  150 g de lait entier froid
  2 à 3 c. à s. de sucre complet (ajustez à votre goût)
  2 à 3 c. à s. de sirop d'érable
  Des glaçons
  Une belle pointe de couteau de cannelle en poudre

Mon conseil

Alternative : Vous pouvez remplacer le yaourt par du lait fermenté, ou faire moitié-moitié. Cela apportera un peu plus d'acidité.

Les lassis

Dans un blender ou un pichet haut, mettez tous les ingrédients et les glaçons.
Mixez longuement pour obtenir un mélange bien onctueux et lisse.
Versez dans les verres. Décorez si vous le souhaitez avec des épices.
Servez très frais, ce sera encore meilleur !

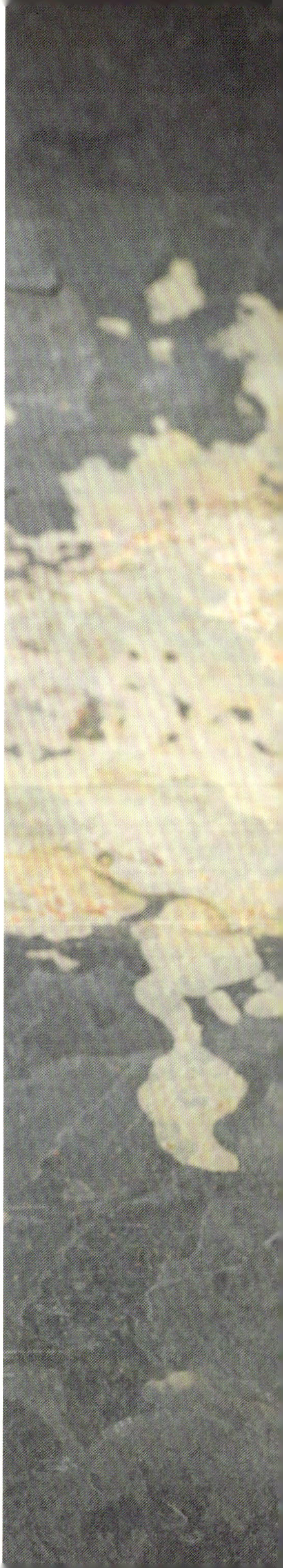

Piña & honey
ananas rôti aux baies roses, glace au miel de bruyère & pollen

Timing

- **Préparation :** 30 min
- **Repos :** 12 h
- **Cuisson :** 30 min

Ingrédients
(pour 6 personnes)

- **La glace au miel de bruyère**
  200 g de miel de bruyère + 1 c. à s.
  600 g de lait
  500 g de crème liquide à 30 % de matière grasse minimum
  55 g de lait en poudre
  8 jaunes d'œufs

OU

- **La chantilly express au miel de bruyère**
  300 g de crème liquide à 30 % de matière grasse minimum
  2 à 3 c. à s. de miel de bruyère
  1 c. à s. de mascarpone

- **L'ananas rôti**
  2 ananas
  50 g de beurre
  60 g de sucre complet
  1 orange
  Des baies roses

- **Le montage**
  Pollen
  Miel de bruyère

Mes conseils

La glace : elle se conserve 1 semaine au congélateur. C'est normal qu'elle soit dure, elle ne contient pas de stabilisateur : sortez-la du congélateur 10 minutes avant la dégustation.

Le pollen : considéré comme un super-aliment qui booste l'organisme, Le pollen cru et frais est de meilleure qualité.

La glace au miel de bruyère

Réalisez une crème anglaise. Faites chauffer le lait, la crème, le lait en poudre et le miel. Battez les jaunes avec la cuillère à soupe de miel jusqu'à ce qu'ils blanchissent. Versez une partie du mélange chaud sur les œufs et mélangez, puis remettez le tout dans la casserole. Continuez de mélanger avec une maryse en faisant cuire la crème à la nappe, ou jusqu'à arriver à une température 82-83°C. Débarrassez-la immédiatement dans un bol pour arrêter la cuisson. Filmez au contact et laissez maturer au réfrigérateur 12 heures minimum.
Une fois la crème bien froide, mettez-la dans votre sorbetière ou votre turbine et lancez le cycle qui correspond à votre machine. Quand la crème a épaissi, placez-la dans un bac au congélateur.

OU

La chantilly express au miel de bruyère

Dans la cuve du robot, placez la crème bien froide avec le miel et le mascarpone.
Battez à vitesse moyenne jusqu'à obtenir une chantilly ferme : elle doit bien se tenir.

L'ananas rôti

Coupez les deux extrémités de votre ananas et retirez la peau ainsi que les yeux du fruit. Découpez en tranches d'environ 0,5-1 cm d'épaisseur. Dans une poêle, faites fondre le beurre avec les baies roses. Faites-y revenir les tranches d'ananas de chaque côté pour qu'elles soient bien caramélisées. Déglacez avec le jus de l'orange et le sucre complet, et laissez cuire à feu doux jusqu'à ce que les tranches soient tendres. Débarrassez-les dans une assiette.

Le montage

Dans chaque assiette, disposez des quartiers d'ananas en demi-cercle. Roulez la boule de glace dans le pollen et placez-la au centre de l'assiette. Pour plus de gourmandise, ajoutez un peu de miel cru.

Moelleux
mangue, curcuma & coco

Timing
- **Préparation :** 45 min
- **Cuisson :** 20 min

Ingrédients
(pour 6 personnes)

- **Le biscuit moelleux coco**
  70 g de poudre d'amande
  50 g de noix de coco râpée
  70 g de cassonade
  24 g de sucre glace
  2 œufs
  30 g de crème
  100 g de beurre fondu
  50 g de farine
  3 g de levure
  4 blancs d'œufs
  Une pincée de sel
  50 g d'amandes effilées

- **La compotée mangue-curcuma**
  1 mangue bien mûre
  1 c. à s. de curcuma
  Un trait de jus de citron
  1 c. à s. de sucre

- **La chantilly vanillée**
  250 g de crème liquide
  80 g de mascarpone
  2 c. à s. de sucre glace
  2 gousses de vanille (ou 1 c. à c. de vanille en poudre)

- **Le coulis de mangue**
  2 mangues bien mûres
  1 jus de citron vert
  2 c. à s. d'eau

Le biscuit moelleux coco
Préchauffez le four à 180°C.
Dans le robot, mélangez la poudre d'amande, la coco, le sucre glace, 50 g de cassonade, les œufs, la crème, et le sel, jusqu'à l'obtention d'un mélange dense. Ajoutez le beurre fondu et les amandes effilées, mélangez bien. Incorporez également la farine et la levure tamisée.
Battez les blancs d'œufs en neige avec les 20 g de cassonade restants. Incorporez-les à la première préparation, en plusieurs fois afin de ne pas les faire retomber. Versez dans un cercle à entremets de 18 à 20 cm préalablement graissé, posé sur une plaque de cuisson munie de papier cuisson. Si vous n'avez pas de cercle, vous pouvez utiliser un moule à manquer graissé.
Enfournez pour 15 à 20 minutes pour un cercle de 18 cm (biscuit de 4 cm de hauteur) et 20 à 25 minutes pour un cercle de 20 cm (biscuit de 3 cm de hauteur). Vérifiez la cuisson avec la pointe d'un couteau : elle doit ressortir propre, sinon prolongez un peu la cuisson.

La compotée mangue-curcuma
Épluchez la mangue, découpez autour du noyau puis réalisez une brunoise. Mettez la brunoise dans une casserole avec le jus de citron, le curcuma et le sucre.
Laissez compoter doucement 5 minutes, mais conservez des morceaux.
Débarrassez et placez au frais.

La chantilly vanillée
Dans la cuve de votre robot, mettez la crème liquide bien froide avec le mascarpone et la vanille grattée (ou à défaut de la poudre de vanille).
Montez à vitesse moyenne, puis ajoutez le sucre glace.
Continuez à battre en surveillant la crème pour qu'elle ne tranche pas.
La chantilly doit tenir au fouet pour être pochée. Placez-la dans une poche à douille avec une douille à saint-honoré et réservez jusqu'au montage.

Le coulis de mangue
Récupérez la chaire des mangues, puis mixez avec le jus du citron et l'eau jusqu'à obtenir une texture lisse.

- **Le montage**
  1 citron vert

Mon conseil

Le biscuit : si le biscuit attache, malgré le graissage, passez délicatement une lame de couteau autour du cercle.

Le montage

Posez le biscuit au milieu d'une assiette.
Étalez un peu de compotée sur toute la surface. Pochez des pétales de chantilly vanillée en laissant le centre vide pour y ajouter de la compotée de mangue. Déposez aussi généreusement de la chantilly au milieu de la compotée de mangue : elle constituera le cœur de la fleur. Zestez un peu de citron vert sur la chantilly. Au moment de servir, versez un peu de coulis, moelleux et gourmandise garantis !

Panna cotta
pêche, vanille & curry de Madras

Timing

- **Préparation :** 30 min
- **Repos :** 4 h minimum
- **Cuisson :** 10 min

Ingrédients
(pour 6 verrines)

- **La panna cotta**
  2 feuilles de gélatine
  (ou 4 g de gélatine en poudre + 24 g d'eau)
  400 g de crème
  (au moins 30 % de matière grasse)
  100 g de lait
  70 g de sucre
  Un bâton de vanille

- **La compotée de pêches**
  3 pêches jaunes
  30 g de sucre
  Une pincée de curry de Madras

- **La décoration**
  3 pêches jaunes

Mes conseils

Le curry de Madras : va apporter du peps et du relief à votre compotée. Vous pouvez le remplacer par de la verveine ou du thym.

La pêche : si les pêches sont difficiles à éplucher, vous pouvez les mettre un instant dans de l'eau bouillante : la peau s'enlèvera plus facilement.

La gélatine : j'aime lorsque la panna cotta est à peine prise et encore fondante, mais si vous préférez une texture plus dense et plus gélifiée, ajoutez 1 à 2 g de gélatine.

La panna cotta

Si vous utilisez des feuilles de gélatine, mettez-les dans un grand bol d'eau froide. Si vous utilisez de la gélatine en poudre, mélangez-la dans l'eau.
Faites chauffer la crème avec le lait, le sucre et la vanille jusqu'à frémissement. Laissez infuser 5 minutes puis ajoutez la gélatine essorée, et mélangez bien. Versez la préparation dans des verres ou des ramequins.
Placez au réfrigérateur pour au moins 4 heures (idéalement 1 nuit), jusqu'à gélification.

La compotée de pêches

Épluchez les pêches puis coupez-les en morceaux. Mettez-les dans une casserole, faites chauffer à feu doux avec le sucre et laissez compoter quelques minutes. Si les pêches accrochent, ajoutez un filet d'eau. Saupoudrez d'une pincée de curry de Madras. Goûtez et ajustez le curry à votre convenance.

La décoration

Découpez les pêches en deux, enlevez les noyaux.
Taillez des petits quartiers.

Le montage

Sortez les panna cotta du réfrigérateur. Déposez dessus un peu de compotée de pêches au curry, puis décorez avec les quartiers de pêches, si possible préalablement grillés au chalumeau.

Ice pumpkin

Timing

- **Préparation :** 30-40 min
- **Repos :** 12 h
- **Cuisson :** 1 h

Ingrédients
(pour 6 personnes)

- **La glace au café**
  300 g de café expresso
  400 g de lait
  300 g de crème
  150 g de sucre
  9 jaunes d'œufs
- **Le coulis de courge aux épices**
  350 g de potimarron
  70 g de sucre de canne complet
  6-7 c. à s. de sirop d'érable
  3 c. à c. de mélange d'épices pour pain d'épices (ajuster si besoin pour une saveur plus épicé)
  5-6 c. à s. d'eau
- **La chantilly à la vanille**
  250 g de crème liquide à 30 % de matière grasse minimum
  50 g de mascarpone
  1 gousse de vanille
  1-2 c. à s. de sucre glace
- **La finition**
  Noix de pécan torréfiées

Mes conseils

Astuce chantilly : placez votre cuve avec le fouet au réfrigérateur ou au congélateur, la chantilly montera beaucoup mieux.

Petit plus : utilisez ce coulis pour réaliser un pumpkin spicy latte : déposez 1 ou 2 cuillères de coulis dans une tasse, ajoutez du café chaud, mélangez puis faites mousser du lait. Pour encore plus de gourmandise, ajoutez de la chantilly !

La glace au café

Dans une casserole, faites chauffer le lait, la crème et le café. Mixez et laissez infuser 20 à 30 minutes. Mixez à nouveau et filtrez avec un tamis fin. Pesez et ajoutez du lait si besoin pour obtenir 1 litre de mélange. Remettez-le à chauffer, sur feu doux.

Fouettez les jaunes et le sucre jusqu'à ce que le mélange blanchisse. Versez 1 tiers du mélange crémeux au café, mélangez puis reversez le tout dans la casserole. Faites cuire à 82-83°C ou à la nappe. Versez la crème immédiatement dans un bol pour arrêter la cuisson, filmez au contact et laissez reposer au réfrigérateur au moins 12 heures.

Une fois la crème bien froide, mettez-la dans votre sorbetière ou dans le turbine et lancez le cycle qui correspond à votre machine. Quand la crème a épaissi, placez-la dans un bac au congélateur.

Le coulis de courge aux épices

Préchauffez le four à 180°C.

Lavez le potimarron et découpez-le en cubes ; pas besoin de l'éplucher, la peau se mange et devient tendre à la cuisson. Dans un bol, placez les cubes de courge et le mélange pain d'épices, puis ajoutez le sucre complet, le sirop d'érable et l'eau. Mélangez bien. Déposez la préparation sur une feuille de papier cuisson. Roulez-la et refermez-la avec une ficelle de boucher. Enfournez pour 40 à 50 minutes.

Une fois la courge bien tendre, placez le tout dans un bol et mixez jusqu'à obtenir une texture lisse. Si vous la trouvez trop dense, ajoutez un peu d'eau jusqu'à obtenir une texture plus souple.

Après refroidissement, placez le coulis dans un bocal hermétique et laissez à température ambiante jusqu'à utilisation.

La chantilly à la vanille

Placez dans la cuve du batteur la crème, le mascarpone et la vanille. Commencez à battre à vitesse moyenne puis ajoutez le sucre glace. Arrêtez le batteur quand la chantilly est dense et se tient bien.

Les noix de pécan torréfiées

Déposez des noix de pécan sur une plaque et enfournez pour 10 à 15 minutes à 180°C.

Une foie sorties du four, concassez grossièrement les noix.

Réservez.

Le montage

Dans un bol, déposez de la glace au café puis de la chantilly. Ajoutez du coulis de courge épicé et parsemez de noix de pécan torréfiées.

Pastilla saveur d'orient
cannelle & fleur d'oranger

Timing

- **Préparation :** 20 min
- **Repos :** 1 h minimum
- **Cuisson :** 15 min

Ingrédients
(pour 6 personnes)

- **La crème fleur d'oranger et cannelle**
  800 g de lait entier
  80-100 g de sucre de canne
  60 g de Maïzena®
  3 c. à s. d'eau de fleur d'oranger
  1 c. à s. de cannelle
- **Les feuilles de brick**
  15 feuilles de brick
  100 g de beurre
  Sucre glace
- **La finition**
  Amandes concassées
  Pistaches concassées
  Quelques feuilles de menthe
  Miel d'oranger

Mes conseils

Les feuilles de brick : j'ai choisi la cuisson au four pour plus de légèreté, mais vous pouvez aussi les faire frire.

Alternative : en remplacement de la fleur d'oranger et de la cannelle, vous pouvez par exemple choisir le calisson, la vanille ou cardamome, ou encore la rose.

Dressage : je vous conseille de faire un dressage à la minute, car la crème fait rapidement ramollir les feuilles de brick.

La crème fleur d'oranger et cannelle

Délayez la Maïzena® avec un peu de lait pour éviter les grumeaux. Dans une casserole, versez le lait avec le sucre, la cannelle et la fleur d'oranger, puis ajoutez le précédent mélange. Sur feu doux, faites épaissir la crème sans cesser de remuer.
Quand la texture de la crème est crémeuse mais pas trop dense, mixez pour homogénéiser. Débarrassez dans un bol, filmez au contact et placez au réfrigérateur pour 1 heure minimum. Une fois refroidie, mixez à nouveau la crème ou passez-la à travers un tamis pour obtenir une texture parfaitement lisse. La crème ne doit plus être chaude pour le montage.

Les feuilles de brick

Préchauffez le four à 200°C.
Faites fondre le beurre.
Coupez les feuilles de brick en 4, puis enlevez le bout rond pour former des triangles. Badigeonnez de beurre fondu recto-verso, saupoudrez de sucre glace, ajoutez un autre triangle par-dessus, beurrez et saupoudrez à nouveau de sucre glace. Posez sur une plaque recouverte de papier cuisson ou d'un Silpat®. Réitérez cette opération autant de fois que nécessaire : il faudra plusieurs plaques, mais attendez que la première plaque soit cuite pour préparer la suivante, afin d'éviter que les feuilles de brick sèchent. Recouvrez d'une feuille de cuisson et d'une plaque.
Enfournez pour 4 à 5 minutes environ. Ne vous éloignez pas du four, ça va très vite! Vérifiez la cuisson, les triangles doivent être dorés. Sinon, prolongez d'1 ou 2 minutes. Laissez refroidir et réservez dans un endroit sec avant le montage.

La finition

Dans le four chaud, torréfiez les amandes et les pistaches pendant 5 à 10 minutes. Laissez refroidir. Mixez grossièrement, afin d'obtenir des petits éclats, et non de la poudre.

Le montage

Sortez la crème du réfrigérateur pour qu'elle se détende. Passez-la au tamis pour obtenir une texture bien lisse. Sur une assiette, déposez une paire de triangle, de la crème, puis une nouvelle paire de triangle. Réitérez l'opération jusqu'à obtenir 5 étages. Ajoutez de la crème sur le dessus, saupoudrez d'amandes et de pistaches torréfiées et versez un peu de miel. Décorez avec des feuilles de menthe.

Riz au lait
safran, mangue & pistache

Timing

- **Préparation :** 20 min
- **Repos :** 30 min
- **Cuisson :** 1 h

Ingrédients
(pour 6 bols)

1 l de lait entier
150 g de riz rond
50 g de sucre
Quelques pistils de safran (ou du safran en poudre)
½ mangue bien mûre (ou 2 pour plus de gourmandise)
Des pistaches et/ou des amandes concassées

Mes conseils

Le lait : j'utilise du lait cru, qui est plus goûteux, mais le lait demi-écrémé convient également bien. Pour ceux qui ne consomment pas de produits laitiers, vous pouvez remplacer le lait de vache par du lait de coco.

Le safran : à doser selon vos préférences en termes de puissance. Je vous conseille de commencer par une grosse pointe de couteau et de goûter pendant la cuisson pour ajuster au fur et à mesure.

Pour varier du safran : vous pouvez le remplacer par de la pâte de pistache ou de la cardamome verte.

Le sucre : vous pouvez remplacer le sucre blanc par du sucre complet (muscovado, sucre de coco, rapadura, etc.), le goût sera plus prononcé et prendra une saveur caramélisée. J'utilise peu de sucre, car la mangue en apporte déjà.

Le riz au lait

Dans une casserole, versez le lait froid, le safran, puis ajoutez le riz et le sucre. Portez à ébullition puis réduisez le feu : sur feu très doux, poursuivez la cuisson entre 45 minutes et 1 heure. Vérifiez la cuisson en goûtant et prenez garde à remuer régulièrement pour éviter que le mélange accroche au fond de la casserole. Le lait ne doit pas être complètement absorbé pour conserver le côté crémeux.
Une fois le riz au lait cuit (le riz doit être tendre, mais pas trop mou), transvasez-le et répartissez-le dans des bols. Conservez à température ambiante pour le consommer dans l'immédiat, ou au réfrigérateur pour le consommer froid. Filmez au contact pour éviter la formation d'une croûte.

La finition

Découpez la mangue en brunoise. Faites torréfier les pistaches et/ou les amandes dans une poêle, ou au four pendant 10 minutes à 180°C. Coupez grossièrement les fruits secs avec un couteau ou dans un mixeur en laissant des morceaux.

Le montage

Dressez le riz au lait dans un bol, disposez de la brunoise de mangue puis des fruits secs concassés. En alternative, vous pouvez utiliser un cercle, mais il faudra attendre que le riz au lait refroidisse pour qu'il se maintienne.

Cake
myrtille, sésame noir & matcha

Timing
- **Préparation :** 20 min
- **Cuisson :** 1h20

Ingrédients
(pour 8 personnes)

- **Le crumble**
  15 g de sucre
  15 g de cassonade
  30 g de beurre
  45 g de farine
  Une grosse poignée de sésame noir

- **Le cake**
  140 g de jaunes d'œufs (environ 3 œufs)
  180 g de sucre blanc
  130 g de crème
  180 g de farine
  100 g de beurre
  4 g de levure chimique
  10 g de poudre de thé matcha
  220 g de myrtilles

Mes conseils

Les myrtilles : j'utilise des myrtilles sauvages en saison, car les myrtilles de culture ont une saveur moins prononcée.

Le sucre : j'ai une préférence pour les gâteaux peu sucrés, mais n'hésitez pas à en rajouter.

Le thé matcha : cette feuille de thé vert du Japon, réduite en poudre, a une saveur végétale très caractéristique. Mettez 20 g si vous souhaitez accentuer son amertume.

Le crumble
Mélangez le sucre, la cassonade, le beurre froid, le sésame noir et la farine.
Quand le mélange est homogène, réservez au réfrigérateur.

Le cake
Préchauffez le four à 160°C.
Battez les jaunes d'œufs et le sucre dans la cuve du robot jusqu'à ce que le mélange blanchisse. Versez la crème et continuez de mélanger. Tamisez la farine avec la levure chimique et la poudre de thé matcha, mélangez délicatement. Pour finir, incorporez le beurre pommade toujours délicatement.
Roulez les myrtilles dans un peu de farine pour les enrober, afin d'éviter qu'elles ne tombent au fond du moule à la cuisson. Ajoutez-les délicatement au mélange.
Faites fondre un peu de beurre et badigeonnez avec un pinceau votre moule (ce sera plus homogène) puis farinez. Tapotez bien pour enlever l'excédent. Coulez la préparation dans le moule, ajoutez le crumble émietté par-dessus et enfournez à mi-hauteur.
Au bout de 1h10, piquez le centre du gâteau avec la lame d'un couteau pour vérifier la cuisson : si la lame sort propre, il est cuit, sinon poursuivez la cuisson d'une dizaine de minutes environ. Une fois le cake cuit, sortez-le du four et attendez qu'il refroidisse avant de le démouler.

Mes gourmandises parfumées

Guimauve
mirabelle & cardamome

Timing
- **Préparation :** 30 min
- **Repos :** 1 nuit
- **Cuisson :** 20 min

Ingrédients
(pour 30 à 40 pièces)

- **La guimauve**
  400 g de purée de mirabelles
  300 g de sucre
  28 g de gélatine en poudre + 168 g d'eau
  De la poudre de cardamome verte
- **La finition**
  100 g de sucre glace
  100 g d'amidon ou un peu d'huile neutre

Mes conseils

La purée de mirabelles : vous pouvez en trouver sur Internet, ou acheter des mirabelles congelées, que vous ferez cuire puis mixerez pour obtenir une purée, sans oublier de la passer au tamis pour enlever les peaux.

La cardamome : pour doser cette épice puissante et aromatique, je vous conseille de commencer par une demi-cuillère à café et d'ajuster en goûtant le mélange une fois qu'il a infusé.

La gélatine : si vous n'avez pas de gélatine en poudre mais des feuilles, utilisez 14 feuilles de 2 g 200 bloom, que vous aurez fait tremper dans un grand bol d'eau froide.

La guimauve
Mettez la purée de fruit, le sucre et la cardamome dans une casserole. Faites chauffer à une température de 105°C, vérifiez avec un thermomètre en faisant attention de ne pas vous brûler. Hors du feu, ajoutez la gélatine, mélangez bien au fouet et versez le tout dans la cuve du robot muni du fouet. Battez à pleine vitesse jusqu'à complet refroidissement : le mélange va doubler de volume. Quand le fouet forme un bec d'oiseau, c'est prêt !
Sur une plaque, un Silpat® ou du papier sulfurisé, saupoudrez du mélange sucre glace/amidon, ou de l'huile. Étalez dessus la guimauve à l'aide d'une spatule préalablement graissée. Laissez sécher toute une nuit au réfrigérateur ou à l'air libre.

La finition
Le lendemain, quand la guimauve a refroidi, prenez un couteau graissé et découpez des cubes, des bandes... de la forme que vous souhaitez ! Pour éviter que les guimauves ne collent entre elles, roulez-les dans le mélange restant du sucre glace/amidon puis passez-les dans un tamis pour ôter l'excédent.
Les guimauves se conservent une semaine dans une boîte hermétique. Ne les mettez pas au réfrigérateur.

Pâte de fruit
fraise & mélisse

Timing
- **Préparation :** 20 min
- **Repos :** 1 nuit
- **Cuisson :** 15 min

Ingrédients
(pour 300 à 400 g de pâte de fruit)

250 g de purée de fraises
Une belle poignée de feuille de mélisse
5 g de pectine jaune
235 g de sucre
30 g de glucose
Un trait de jus de citron
250 g de sucre cristal

Thermomètre obligatoire

Mes conseils

La mélisse : elle n'est pas obligatoire, et vous pouvez la remplacer par d'autres saveurs qui iront très bien avec la fraise : du basilic, du poivre noir, des bourgeons de sapin, du vinaigre balsamique, du persil.

La pectine jaune : vous la trouverez en magasin spécialisé ou sur internet. Une fois gélifiée, il vous sera impossible de la refaire fondre.

La forme : vous pouvez couler le mélange sur une plaque à génoise, ou encore dans des petits moules, voire tout simplement sur du papier cuisson si vous n'avez pas de matériel.

Astuce : si votre pâte de fruit colle au moule, passez une lame sur les 4 côtés, et si votre couteau colle, passez un peu d'huile dessus.

Mixez les feuilles de mélisse avec le sucre pour l'aromatiser. Prenez la purée de fraises, ou réalisez-la vous-même avec des fraises fraîches, c'est meilleur ! Passez-la au tamis pour enlever les petits grains et obtenir une purée lisse. Goûtez et ajustez selon l'intensité de saveur que vous souhaitez. Laissez tiédir.
Mélangez la pectine jaune avec 35 g de sucre. Versez ce mélange dans la purée tiède puis faites de nouveau chauffer jusqu'à ébullition. Remuez sans cesse.
Ajoutez ensuite le restant de sucre et le glucose ; continuez la cuisson jusqu'à atteindre la température 105° C. Continuez de mélanger.
Versez le jus de citron, et mélangez bien.

Posez une feuille de papier cuisson sur une plaque. Utilisez un cadre carré de 20 cm de côté maximum, ou plus petit pour obtenir une pâte de fruit plus épaisse. Versez le mélange à l'intérieur du cadre préalablement graissé et laissez prendre une nuit à température ambiante.
Le lendemain, découpez des cubes et roulez-les dans du sucre cristal.

Vous pouvez conserver vos pâtes de fruit dans une boîte à l'abri de l'humidité.

Rouge passion

Timing

- **Préparation :** 2 h
- **Cuisson :** 1 h
- **Repos :** 1 nuit

Ingrédients

(pour 8 personnes)

- **L'insert à la figue noire**
  15 figues noires
  1 trait de jus de citron
  2,5 g de pectine NH
  Sucre
- **Le biscuit financier à la chicorée**
  150 g de beurre
  150 g de poudre d'amande
  120 g de sucre glace
  48 g de farine
  4,5 blancs d'œufs
  4 c. à s. de chicorée liquide
  30 g d'amandes effilées
- **La crème diplomate à la cascara**
  6 g de gélatine en feuilles + 36 g d'eau
  60 g de jaunes d'œufs (environ 3 œufs)
  100 g de sucre
  38 g de Maïzena®
  375 g de lait
  2 c. à s. de cascara
  300 g de crème

•••

L'insert à la figue noire

Coupez les figues en morceaux et faites-les chauffer dans une casserole. Laissez compoter avec le jus de citron.
Pendant ce temps, mélangez le sucre et la pectine. Ajoutez-le à la compotée de figue quand elle parvient à ébullition, et mélangez bien. Maintenez l'ébullition quelques instants avant de couler l'insert dans les moules.

Le biscuit financier à la chicorée

Préchauffez le four à 180°C.
Réalisez un beurre noisette : faites fondre le beurre et laissez-le cuire jusqu'à ce qu'il prenne une belle couleur noisette.
Mélangez la poudre d'amande, le sucre glace et la farine.
Battez les blancs pour les détendre jusqu'à obtenir une consistance très mousseuse pour plus de légèreté. Versez-les sur le mélange de poudres, mélangez puis ajoutez le beurre noisette. Rajoutez la chicorée liquide.
Coulez dans un carré, parsemez d'amandes effilées et enfournez pendant 15 à 20 minutes jusqu'à obtenir une belle coloration. Démoulez dès la sortie du four, découpez des carrés de la taille de l'insert et réservez au frais.

La crème diplomate à la cascara

Mélangez les jaunes d'œufs et le sucre, puis rajoutez la Maïzena®.
Faites chauffer la totalité du lait avec la cascara, laissez infuser puis filtrez le tout.
Versez la moitié du lait sur le mélange œuf/sucre, mélangez bien puis remettez sur le feu avec le restant de lait et faites chauffer jusqu'à épaississement. Ajoutez la masse de gélatine. Bien mélanger (n'hésitez pas à mixer). Réservez au frais cette crème pâtissière.
En parallèle, montez la crème en chantilly légère. Passez la crème au au mixeur, puis incorporez-la à la chantilly en plusieurs fois pour ne pas faire retomber la chantilly.

•••

Le glaçage rouge passion
10 g de gélatine
113 g d'eau
113 g de sucre
150 g de glucose
97 g de lait concentré non sucré
150 g de chocolat blanc
QS de colorant hydrosoluble rouge passion

Le décor en chocolat
200 g de chocolat blanc
Colorant rouge liposoluble
2 g de beurre de cacao Mycryo®
Feuille d'or

Le glaçage rouge passion

Faites chauffer 63 g d'eau, le sucre et le glucose jusqu'à obtenir une température de 103°C. Préparez la masse de gélatine en la diluant dans les 50 g d'eau restant.
Dans un pichet haut, mettez le lait concentré et le chocolat blanc. Versez-y le sirop, attendez un peu puis ajoutez la gélatine et le colorant. Mixez sans incorporer d'air.
Utilisez ce glaçage entre 32°C et 35°C, en vérifiant la viscosité.

Le décor en chocolat

Faites chauffer le chocolat au bain-marie en le portant à une température de 45°C. Ajoutez le colorant, mélangez bien et faites redescendre à 34°C avant d'ajouter le beurre de cacao Mycryo®.
Utilisez à 28-29°C. Coulez entre deux feuilles de papier guitare, attendez que le chocolat commence à cristalliser puis pressez avec un emporte-pièce carré pour former vos décors. Placez une autre plaque par-dessus pour garder vos décors à plat, puis mettez au frais.
Au moment d'utiliser les décors, démoulez délicatement.

Le montage

Coulez de la crème diplomate dans le moule en prenant bien soin d'en tapisser les bords puis posez l'insert à la figue, et par-dessus une nouvelle couche de crème diplomate. Finissez par le biscuit financier. Entreposez au congélateur toute une nuit.
Coulez le glaçage rouge passion, en commençant par les bords avant de revenir vers le centre pour enrober complètement l'entremets. Déposez les 4 petits carrés de décor au chocolat sur le dessus du cube. Finissez avec une pointe de feuille d'or sur l'entremets.

LE MEILLEUR PATISSIER

Cookies caramel
au chocolat & truffe

Timing

- **Préparation :** 35 min
- **Repos :** 30 min
- **Cuisson :** 10-12 min

Ingrédients
(pour 10-12 grands cookies)

- **La pâte à cookies**
  140 g de beurre demi-sel
  30 g de sucre blanc
  100 g de cassonade
  200 g de farine
  4 g de levure chimique
  200 g de chocolat noir
  1 œuf + 1 jaune
  50 g de poudre de noisette

- **Le caramel chocolat-truffe**
  80 g de sucre
  110 g de glucose
  50 g de lait
  180 g de crème liquide
  Une pincée de fleur de sel
  60 g de beurre doux
  40 g de chocolat noir
  De la truffe fraîche noire

- **Le montage**
  Un peu de truffe fraîche
  60 g de noisettes concassées

Mes conseils

La cuisson : il est préférable de sous-cuire légèrement les cookies, afin qu'ils restent fondants.

Le caramel à la truffe : vous pouvez remplacer la truffe fraîche par de l'huile à la truffe, ou tout simplement ne pas en mettre et agrémenter uniquement de noisettes.

La pâte à cookies

Dans un bol, battez le beurre pommade avec le sucre et la cassonade tout en veillant à conserver une texture crémeuse. Dans un autre bol, mélangez la farine et la levure chimique.
Hachez grossièrement le chocolat, en gardant de beaux morceaux, ou bien utilisez des pépites de chocolat.
Incorporez le jaune d'œuf et l'œuf entier au mélange beurre/sucre, puis ajoutez la poudre de noisette et enfin le mélange farine/levure. Mélangez bien à l'aide d'une spatule. Incorporez les morceaux de chocolat. Votre pâte doit être épaisse et dense.
À l'aide d'une cuillère à glace, réalisez des boules et placez-les au congélateur pendant 15 minutes pour que la pâte soit plus ferme.
Faites préchauffer le four à 180°C.
Posez les boules sur une feuille de papier cuisson. Enfournez pour 10 à 12 minutes. Les bords doivent être dorés, mais le cœur doit garder un aspect sous-cuit : c'est normal.

Le caramel chocolat-truffe

Dans une casserole, mélangez 40 g de glucose avec le lait, la crème et la truffe finement hachée. Laissez infuser et gardez au chaud.
Dans une autre casserole, faites fondre les 70 g de glucose restants avec le sucre, jusqu'à obtenir un caramel. Déglacez en plusieurs fois avec la crème à la truffe, en prenant garde aux projections, et continuez de remuer avec un fouet. Si le sucre masse, ne vous inquiétez pas il va refondre doucement ; s'il reste des morceaux, passez-le au tamis. Versez ce caramel dans un récipient haut, et laissez la température baisser. Goûtez pour apprécier la saveur de la truffe et ajustez.
Ajoutez le chocolat et le beurre, puis mixez pour homogénéiser. Ajoutez une pincée de sel. Placez au réfrigérateur le temps que le caramel épaississe, puis mettez-le dans une poche à douille.

Le montage

Une fois refroidis, déposez les cookies dans une assiette. Avec la poche à douille, dressez des filaments de caramel chocolat-truffe sur chaque cookie. Parsemez de noisettes concassées et râpez un peu de truffe pour plus de gourmandise.

Madeleines
miel de châtaignier
& cœur de confiture d'églantine

Timing

- **Préparation :** 30 min
- **Repos :** entre 15 min et 1 nuit
- **Cuisson :** 10 min

Ingrédients
(pour 20 à 25 madeleines)

- **Les madeleines**
  150 g de beurre
  3 œufs moyens (ou 4 petits)
  100 g de sucre
  50 g de miel de châtaigner
  5 g de levure chimique
  100 g de farine T45
  50 g de farine de châtaigne
  Une pincée de sel

- **Le cœur des madeleines**
  Confiture d'églantine

Mes conseils

Le cœur : si vous ne trouvez pas de confiture d'églantine, vous pouvez la remplacer par de la crème de marrons.

Le miel : le miel de châtaigner apporte l'amertume que j'aime, mais vous pouvez le remplacer par un autre miel : miel de bruyère, de romarin, de thym, de citronnier, d'arbousier, etc.

Le beurre noisette : c'est le nom du beurre mousseux qui prend une belle couleur noisette, l'odeur qui s'en dégage est parfumée. Vous pouvez filtrer le beurre dans un tamis pour enlever les dépôts, ou comme moi le laisser pour accentuer la puissance des saveurs.

La bosse : elle naît du choc thermique entre la pâte à madeleine qui a reposé au frais toute la nuit et la température du four. Préférez un moule en métal, car avec un moule en silicone, le processus ne fonctionne pas à tous les coups.

Les madeleines

Faites fondre le beurre dans une casserole jusqu'à ce qu'il prenne une belle couleur noisette. Réservez en attendant qu'il refroidisse.
Dans la cuve du batteur, mélangez les œufs, le sucre et le miel. Le mélange doit devenir légèrement mousseux. Tamisez dessus les farines et la levure. Mélangez puis ajoutez le beurre fondu ainsi que le sel et continuez de mélanger lentement.
Placez dans une poche à douille et laissez reposer au réfrigérateur une nuit. Si vous êtes pressé, 15-20 minutes au congélateur peuvent convenir.

Le lendemain, préchauffez le four à 230°C.
Beurrez vos moules à madeleine, remplissez-les de pâte à trois quarts de la hauteur.
Enfournez puis baissez à 180°C pendant 10 minutes. Les madeleines sont cuites quand elles sont bien dorées et gonflées. Démoulez les madeleines et placez-les sur une grille.
Dans une poche à douille munie d'une petite douille ronde, mettez un peu de confiture. Prenez chaque madeleine par le dessous, insérez légèrement votre douille et appuyez légèrement pour en remplir le cœur.

Sweet empanadas
pêche, camomille & citron

Timing
- **Préparation :** 50 min
- **Repos :** 1 h
- **Cuisson :** 20 min

Ingrédients
(pour 10 empanadas – ou 20 petits)

- **La pâte à empanadas**
  360 g de farine
  70 g de sucre blanc
  200 g de beurre
  2 œufs
  80 g de lait fermenté (ou du lait de vache)
  1 pincée de sel

- **La compotée de pêche à la camomille**
  600 g de pêches jaunes
  ½ citron
  1 c. à c. de Maïzena®
  3-4 c. à s. de camomille séchée réduite en poudre
  2-3 c. à s. de sucre complet
  (rapadura, muscovado, coco)

- **La crème express ricotta-citron**
  250 g de ricotta
  4 c. à s. de lait
  1 c. à s. de sucre glace
  1,5 citrons jaunes

- **La finition**
  1 jaune d'œuf
  Sucre complet
  Amandes effilées
  Sucre glace

Mes conseils

Alternative : cette recette peut se décliner à l'infini : avec des abricots et du romarin, avec des fraises et du basilic ou du shiso, avec des framboises et du thym, etc.

La pâte à empanadas
Dans le bol du batteur, mélangez la farine, le sel, le sucre et le beurre. La préparation va devenir sableuse. Ajoutez alors les œufs et le lait, et mélangez jusqu'à obtenir une pâte lisse et homogène. Formez une boule, filmez et laissez reposer 30 minutes au frais.
Farinez le plan de travail et étalez la pâte sur une épaisseur de 2 mm environ.
À l'aide d'un emporte-pièce, découpez des disques de pâte de 12 cm (moyens) ou 8 cm (petits). Farinez les disques et réservez jusqu'au montage.

La compotée de pêche à la camomille
Dans une casserole d'eau chaude, blanchissez les pêches pour pouvoir les éplucher plus facilement. Vous pouvez garder la peau (pleine de vitamines !). Égouttez-les et découpez-les en deux pour ôter les noyaux. Coupez-les grossièrement et placez-les dans une casserole avec le sucre complet et la poudre de camomille. Faites chauffer à feu doux et laissez compoter.
Mélangez le jus d'un demi-citron avec la Maïzena®, qui permettra d'éviter les grumeaux. Ajoutez-le à la compotée de pêches. Laissez réduire jusqu'à obtenir une texture un peu épaisse. Réservez au réfrigérateur.

La crème express ricotta-citron
Dans un bol, mettez la ricotta, le sucre glace, le lait et les zestes des citrons jaunes. La préparation doit être crémeuse et dense. Ajustez si besoin la quantité de lait. Mélangez vigoureusement avec un fouet pour détendre la préparation. Goûtez et ajustez le sucre à votre convenance.
Réservez au réfrigérateur.

Le montage
Préchauffez le four à 180°C.
Disposez une grosse cuillère à soupe de compotée sur chaque disque de pâte, passez un peu d'eau sur les bords pour que la soudure tienne mieux. Ne les remplissez pas trop, car cela compliquerait la fermeture. Pliez en deux, pincez les bords avec une fourchette pour bien les souder ou avec vos doigts pour éviter que la farce fuie à la cuisson.

Le montage : J'aime faire un pliage en repliant les bords sur eux-mêmes, un peu comme une calzone.

La cuisson : la cuisson au four apporte du croustillant et de la légèreté.

La ricotta : ce fromage frais italien est généralement à base de lait de vache, mais vous pouvez aussi en trouver fait avec du lait de bufflonne ou de chèvre dans les épiceries italiennes. Vous pouvez la remplacer par du brocciu, un fromage frais corse plus acide, ou du fromage blanc.

Les pêches : utilisez de préférence des pêches jaunes de saison, mais si vous choisissez des pêches congelées, faites-les bien décongeler avant pour retirer l'excédent d'eau.

Placez les empanadas au réfrigérateur pendant 30 minutes, afin de raffermir la pâte et d'éviter les fissures à la cuisson.
Badigeonnez les empanadas avec un jaune d'œuf et un peu d'eau, saupoudrez de sucre complet et d'amandes effilées. Enfournez durant 20 minutes, jusqu'à obtenir une belle couleur dorée. Après la cuisson, saupoudrez de sucre glace avec un tamis.
Pour le dressage, disposez les empanadas sur une assiette et la crème de ricotta dans un bol.

Mes pâtisseries pour épater

Gâteau basque
orange, pamplemousse & poivre de Timut

Timing
- **Préparation :** 1 h
- **Repos :** 2 h
- **Cuisson :** 45 min

Ingrédients
(pour 1 gâteau de 6 personnes)

- **La crème pâtissière aux agrumes**
  340 g de lait (entier de préférence)
  Le zeste de 2 oranges et d'1 pamplemousse
  Un peu de poivre de Timut
  80 g de sucre
  4 jaunes d'œufs
  20 g de Maïzena®
- **La pâte**
  150 g de sucre
  150 g de beurre
  225 g de farine
  3 g de levure chimique
  4 jaunes d'œufs
  1 g de sel
- **La finition**
  1 jaune d'œuf

Mes conseils

Le poivre de Timut : vous pouvez le moudre et filtrer le lait avant de l'utiliser ou utiliser un filtre à thé en papier (sans oublier de le retirer avant de poursuivre à l'étape suivante).

La pâte : vous pouvez l'aromatiser en ajoutant un peu de vanille.

Le gâteau : après cuisson, ne le mettez pas au frais sinon la pâte va durcir. Il se conserve très bien 2 à 3 jours dehors, à température ambiante.

La crème pâtissière aux agrumes
Faites chauffer le lait avec les zestes d'agrumes et le poivre de Timut, laissez infuser : goûtez et ajustez à votre goût. Filtrez les grains de poivre.
Dans un bol, fouettez les jaunes avec le sucre jusqu'à obtenir un mélange mousseux. Ajoutez la Maïzena®, mélangez bien. Versez une partie du lait chaud sur le mélange jaunes/sucre, mélangez bien en raclant les bords avec une maryse puis reversez le tout dans la casserole de lait chaud. Faites chauffer sur feu moyen en continuant de remuer jusqu'à ce que la crème épaississe et devienne soyeuse. Retirez du feu sans cesser de mélanger et transvasez dans un plat. Filmez au contact et placez au réfrigérateur jusqu'au montage.

La pâte
Dans le robot muni de la feuille, mélangez le sucre, le beurre froid et le sel. Commencez doucement, puis augmentez la vitesse pour obtenir un mélange homogène, mais évitez de trop travailler le beurre, car sinon la pâte va coller. Incorporez la farine et la levure tamisée, toujours avec la feuille. Ajoutez les jaunes, mélangez et arrêtez dès que la pâte commence à s'amalgamer.
Formez une boule avec les mains et étalez la pâte entre deux feuilles de papier cuisson, ou deux Silpat®, sur une épaisseur d'environ 4 mm. Placez au réfrigérateur.

Le montage
Préchauffez le four à 180°C.
Prenez un cercle de 18 cm et un cercle de 22 cm (non perforés), de 2,5 à 3 cm de hauteur. Beurrez le cercle de 18 cm et posez-le sur un Silpat® puis sur une plaque, de préférence perforée.
Avec le cercle de 22 cm, détaillez la pâte à gâteau et foncez le cercle. Si vous n'arrivez pas à le foncer, découpez juste le fond et réalisez un boudin avec le reste de pâte, que vous disposerez avec vos doigts tout autour du cercle, en appuyant bien pour fixer la pâte avec le fond et en remontant jusqu'à hauteur du cercle (comme pour foncer une tarte classique). Étalez sur la pâte la crème pâtissière presque jusqu'à hauteur. Recouvrez avec un deuxième cercle de pâte de 18 cm.
Prenez un rouleau et soudez les deux pâtes ensemble : pour une meilleure adhérence, vous pouvez mouiller le rebord de la pâte. Retirez l'excédent de pâte. Badigeonnez avec un jaune d'œuf, placez au réfrigérateur et laissez sécher 1 heure, puis badigeonnez une deuxième fois. Détaillez des lignes sur la pâte sans la trouer.
Enfournez pour 45 minutes. Une fois le gâteau cuit, laissez-le refroidir. Démoulez-le doucement car il reste très friable.

Brownie gourmand
au chocolat

Timing

- **Préparation :** 30 min
- **Repos :** 1 nuit
- **Cuisson :** 25-30 min

Ingrédients

(pour 1 grand brownie à partager)

- **Le brownie**
  100 g de chocolat noir
  (Caraïbe 66 % de Valrhona®)
  100 g de chocolat au lait
  (Bahibé 46 % de Valrhona®)
  150 g de beurre demi-sel
  3 œufs
  150 g de cassonade
  65 g de farine
  110 g de noisettes

- **La crème namelaka chocolat-épices**
  200 g de chocolat au lait
  (Bahibé 46 % de Valrhona®)
  4 g de gélatine en poudre + 24 g d'eau
  160 g de lait
  8 g de glucose
  320 g de crème froide
  (30 % de matière grasse minimum)
  1 à 2 c. à s. de mélange 5 épices

- **La finition**
  3 à 4 poires (variété de votre choix)
  50 g de noisettes

Mes conseils

Les noisettes : vous pouvez remplacer les noisettes par des noix si vous appréciez l'amertume.

Les épices : commencez par une pincée et ajustez selon vos goûts. Le chocolat étant puissant, il faut trouver une belle balance des saveurs.

Le brownie

Préchauffez le four à 180°C.
Dans une casserole, faites fondre les chocolats avec le beurre. Dans un bol, battez les œufs avec la cassonade, jusqu'à obtenir une texture légèrement aérée mais pas mousseuse. Mélangez les deux préparations. Ajoutez la farine et mélangez rapidement, juste assez pour avoir une pâte homogène. Concassez les noisettes et versez-les dans le mélange.
Prenez un cercle de 20 cm, de 4 cm de hauteur minimum. Utilisez un moule à cake rond ou carré si vous n'avez pas de cercle à entremets. Beurrez le moule. Découpez une feuille de papier aluminium, posez une feuille de papier cuisson par-dessus et beurrez-la. Enveloppez le dessous du cercle pour retenir la pâte si elle fuit sur les côtés.
Versez la préparation à l'intérieur et enfournez pour 20 minutes (texture sous-cuite et fondante), ou 25 à 30 minutes (texture plus dense). Une fois le brownie cuit, laissez-le refroidir.
Pour le démouler délicatement, passez une lame de couteau autour du cercle. Retirez le papier cuisson et déposez le brownie sur une assiette.

La crème namelaka chocolat-épices

Faites fondre le chocolat au micro-ondes ou au bain-marie.
Mettez la gélatine et l'eau dans un bol.
Faites chauffer le lait avec le mélange 5 épices et le glucose. Ajoutez la gélatine et mélangez bien. Versez en 3 fois le lait sur le chocolat et émulsionnez comme pour une ganache. Versez ce mélange sur la crème froide et mixez pour homogénéiser.
Réservez au réfrigérateur 1 nuit. Quand la crème namelaka a pris une texture bien crémeuse, placez-la dans une poche à douille pour le montage.

Le montage

Taillez des quartiers de poires, faites-les légèrement chauffer avec un chalumeau, afin de caraméliser le sucre du fruit.
Découpez la poche à douille pour l'ouvrir. Pochez la crème namelaka sur le brownie.
Déposez des quartiers de poires refroidis sur toute la surface pour apporter de la gourmandise, et de la fraîcheur. Pour encore plus de croquant, ajoutez quelques éclats de noisettes.

LE MEILLEUR PATISSIER

Les fraises à la crème

Timing

- **Préparation :** 2h
- **Cuisson :** 45 min
- **Congélation :** 1 nuit

Ingrédients

(pour 6 à 8 personnes)

- **Le palet breton**
  3 jaunes d'œufs
  130 g de sucre
  150 g de beurre à température ambiante
  200 g de farine
  1 grosse pincée de sel
  10 g de levure chimique

- **La compotée de fraises**
  250 g de fraises
  3 g d'agar-agar
  1 c. à s. de sucre

- **La crème diplomate**
  2 feuilles de gélatine
  2 jaunes d'œufs (40 g)
  75 g de sucre en poudre
  25 g de Maïzena®
  250 ml de lait
  200 ml de crème entière froide
  4 feuilles de shiso

- **Le voile de jus de fraise**
  300 g de jus de fraise
  3 g d'agar-agar
  1 c. à c. de sucre

Le palet breton

Battez les jaunes avec le sucre jusqu'à blanchissement puis rajoutez le beurre pommade. Mélangez bien. Ajoutez la farine, le sel et la levure tamisée. On doit obtenir une pâte bien homogène.
Étalez la préparation entre deux Silpat® sur une hauteur de 1 cm et placez au frigo.
Préchauffez le four à 180°C.
Taillez le palet avec un cercle de 18 cm, laissez-le dans le cercle pour qu'il garde une belle forme. Enfournez pendant 15 à 20 minutes. Attendez qu'il refroidisse avant de décercler.

La compotée de fraises

Coupez les fraises en morceaux et faites-les compoter dans une casserole sur feu très doux pour éviter que les fruits n'accrochent.
Mélangez le sucre et l'agar-agar dans un bol.
Ajoutez le mélange à la compotée de fraises et portez à ébullition.
Coulez dans un cercle à entremets de 16 cm préalablement filmé. Placez au congélateur.

La crème diplomate

Mettez la gélatine dans un grand bol d'eau.
Fouettez les jaunes avec le sucre. Ajoutez la Maïzena®, puis fouettez à nouveau.
Faites bouillir le lait avec les feuilles de shiso. Enlevez les feuilles (sauf une) et mixez. Versez le lait sur les œufs, bien mélanger. Reversez le tout dans une casserole et faites cuire jusqu'à ébullition. Maintenir l'ébullition 2 minutes.
Versez la crème pâtissière dans un plat. Filmez au contact et placez au frigo.
Récupérez la crème pâtissière et détendez-la au robot ou utilisez un mixeur pour obtenir une crème pâtissière bien lisse.
Montez la crème liquide en chantilly souple. Incorporez délicatement la crème fouettée dans la crème pâtissière.

Le voile de jus de fraise

Mélangez le sucre avec l'agar-agar pour éviter la formation de grumeaux.

Le montage
200 g de fraises (taille moyenne)

Dans une casserole, mettez le jus de fraise à chauffer. Une fois qu'il est chaud, ajoutez le précédent mélange agar-agar/sucre. Portez à ébullition et, à travers un tamis, coulez le jus sur une plaque à génoise. La couche doit être fine.
Laissez prendre au frigo.

Le montage

Dans un cercle de 18 cm à entremets filmé, coulez la crème diplomate jusqu'à moitié, disposez la compotée de fraises au milieu, ajoutez de la crème diplomate (en laissant de la place pour le palet breton). Déposez par-dessus le palet breton, appuyez légèrement pour faire adhérer et placez au congélateur pour une nuit. Avec le restant de crème, remplissez le moule à quenelle Silikomart® (j'en ai utilisé 3).
Coupez à la mandoline ou au couteau des tranches fines de fraise.
Démoulez l'entremets puis disposez en carpaccio les tranches de fraises : d'abord des tranches entières en rosace et une tranche ronde au milieu. Le dessus de l'entremets doit être recouvert de fraises.
Sortez le voile de fraise du frigo. Découpez un cercle plus grand que la taille de votre gâteau (environ 22/24 cm) soulevez délicatement avec une spatule et posez le voile sur le carpaccio de fraises.
Démoulez 3 quenelles et utilisez une bombe velours rouge pour rester dans la thématique.
Déposez joliment les 3 quenelles sur l'entremets et rajoutez par-dessus une tranche de fraise.
Pour finir et sublimer votre plat, ajoutez une petite touche de feuille d'or !

Mousse au chocolat
framboises & anis

Timing

- **Préparation :** 30 min
- **Repos :** 2 h
- **Cuisson :** 10 à 15 min

Ingrédients
(pour 6-8 personnes)

- **La mousse au chocolat**
  400 g de crème
  250 g de chocolat noir (Guanaja 70 % ou Caraïbe 66 % de Valrhona®)
  210 g de lait
  40 g de sucre
  3 jaunes d'œufs (70 g)

- **La compotée de framboises-anis**
  300 g de framboises fraîches (ou 250 g de purée de framboise)
  50 g de sucre
  3 g de pectine NH
  Anis vert en poudre
  400 g de framboises fraîches pour la décoration et encore plus de gourmandise !

Mon conseil

Le chocolat noir : si vous le faites fondre au micro-ondes, l'intensité doit être faible, pour éviter de brûler le chocolat.

La mousse au chocolat

Mettez la crème au réfrigérateur pour qu'elle soit bien froide quand vous l'utiliserez. De même, vous pouvez placer vos récipients et votre fouet au frais.
Faites fondre le chocolat noir au micro-ondes, ou au bain-marie.
Réalisez une crème anglaise : commencez par faire chauffer le lait. Puis, dans un bol, battez les jaunes avec le sucre jusqu'à obtenir un mélange un peu mousseux. Versez une partie du lait sur le mélange jaunes-sucre et reversez le tout dans la casserole avec le restant de lait. Mélangez doucement sur feu doux avec une spatule jusqu'à atteindre 83°C.
Versez la crème anglaise sur le chocolat et émulsionnez comme pour faire une ganache. Réservez jusqu'à obtenir une température de 40-45°C.
Montez la crème en chantilly dans un bol froid : la chantilly doit se tenir, sans être trop ferme. Avec une maryse, incorporez-en une petite partie au mélange chocolaté, et continuez par étape jusqu'à épuisement de la chantilly. Votre mélange doit être homogène et sans grumeaux. Versez dans un plat avec une cuillère ou une poche à douille, puis laissez prendre au frais au moins 2 heures.

La compotée de framboises-anis

Dans une casserole, sur feu doux, faites chauffer les framboises jusqu'à obtenir une compotée. Ajoutez un peu d'anis vert en poudre : commencez par une petite pointe de couteau et ajustez selon vos préférences.
Mélangez le sucre et la pectine dans un bol. Versez ce mélange dans la compotée chaude et portez à ébullition pour 1 minute. Laissez refroidir.
Quand la compotée a refroidi, déposez-en sur la mousse au chocolat, sur 0,5 cm de hauteur maximum. Avec le reste, fourrez les framboises fraîches et déposez-les en décoration sur la mousse, côté fourré vers le haut. Si vous le souhaitez, décorez avec un peu de sucre glace.

LE MEILLEUR PATISSIER

Entremets dream

Timing

- **Préparation :** 3 h
- **Cuisson :** 30 min
- **Congélation :** 1 nuit

Ingrédients
(pour 6-8 personnes)

- **La crème namelaka mûre-cassis**
  70 g de purée de mûre
  30 g de purée de cassis
  5 g de glucose
  2 g de gélatine en poudre
  12 g d'eau
  170 g de chocolat blanc
  200 g de crème
- **La compotée de cassis**
  150 g de purée de cassis
  50 g de cassis frais
  1,5 g de pectine
  2 c. à c. de sucre
- **Le biscuit madeleine aux noix concassées (en option)**
  100 g de beurre
  2 œufs
  80 g de sucre
  100 g de farine
  16 g de fécule
  2 g de levure chimique
  30 g de noix
- **La mousse au miel**
  250 g de lait
  150 g de miel de ronce
  5 g de gélatine en feuille
  5 jaunes d'œufs
  350 g de crème

La crème namelaka mûre-cassis
Faites chauffer les purées de fruits.
Pendant ce temps, faites fondre le chocolat blanc au micro-ondes. Ajoutez le glucose et mélangez. Incorporez la purée de fruits chaude au chocolat et émulsionnez comme une ganache. Ajoutez la gélatine préalablement mélangée avec l'eau, et la crème froide puis mixez. Versez ce mélange entre deux cercles : un de 16 cm et un de 8 cm, de manière à former un anneau. Coulez dans cet anneau. Ajoutez des fruits et mettez au congélateur.

La compotée de cassis
Mélangez le sucre et la pectine.
Faites chauffer la purée de cassis avec le cassis frais. Rajoutez le mélange pectine-sucre. Faites bouillir 1 minute. Coulez dans l'insert.

Le biscuit madeleine aux noix concassées (en option)
Faites torréfier les noix et broyez-les en petits morceaux.
Faites fondre le beurre jusqu'à obtenir un beurre noisette et réservez le temps qu'il refroidisse.
Faites blanchir les œufs et le sucre. Tamisez la farine, la fécule et la levure chimique, mélangez délicatement et rajoutez le beurre fondu. Ajoutez les noix.
Graissez un moule de 20 cm de diamètre et enfournez à 180°C pendant 10 à 15 minutes.
Découpez un anneau de biscuit avec le cercle de 16 cm et de 8 cm.

La mousse au miel
Faites chauffer le lait avec le miel (ajustez la quantité de miel selon l'intensité que vous souhaitez obtenir). Pendant ce temps, battez les jaunes. Versez du lait chaud sur les jaunes, mélangez et remettez le tout dans la casserole.
Faites cuire jusqu'à atteindre 83°C tout en remuant, comme pour une crème anglaise. Hors du feu, mettez la préparation dans un bol pour arrêter la cuisson et ajoutez la gélatine. Si besoin, passez au tamis.
Montez la crème en chantilly. Incorporez délicatement la crème anglaise à température ambiante à la chantilly.

- **Les nuages en pâte à sucre et les étoiles filantes**
  400 g de pâte à sucre blanche
  250 g de pâte à sucre jaune
- **Le ciel bleu**
  400 g de sucre blanc
  Colorants gels bleu et noir
- **L'enrobage moule nuage**
  150 g de chocolat blanc
  150 g de beurre de cacao
  Feuille d'or (en option)
- **Le montage**
  Spray blanc
  Bombe dorée

Les nuages en pâte à sucre et les étoiles filantes

Malaxez la pâte à sucre blanche et formez des petites boules de différentes tailles. Rassemblez-les pour former des petits nuages. Si elles ne s'attachent pas bien les unes aux autres, mettez un peu d'eau pour les coller. À l'aide d'un emporte-pièce, formez des étoiles filantes avec la pâte à sucre jaune.

Le ciel bleu

Dans la cuve de votre batteur, mélangez le sucre et le colorant. Dosez le noir au fur et à mesure pour que le sucre prenne la couleur souhaitée, un beau bleu nuit.

L'enrobage moule nuage

Faites fondre le chocolat et le beurre de cacao ensemble. Mixez et réservez jusqu'à obtenir une température de 45°C. Vous pouvez rajouter de la feuille d'or pour donner un effet brillant.

Le montage

Coulez une couche de mousse au miel dans le fond du moule, disposez par-dessus la crème namelaka et remettez de la mousse, puis le biscuit madeleine aux noix. Égalisez. Placez au congélateur.
Mettez le restant de mousse dans le moule nuage en laissant la place pour incorporez l'insert cassis, recouvrez de mousse, et placez-le également au congélateur.
Une fois le tout congelé, démoulez le gros entremets et bombez-le avec le spray blanc.
Posez le moule nuage sur une grille et versez l'enrobage préalablement réalisé d'un seul coup ; tapotez la grille pour enlever l'excédent. Déposez le moule nuage sur le gros entremets.
Mettez le sucre coloré bleu nuit sur la table, des étoiles filantes et des petits nuages en pâte à sucre.

Tarte
mûres, badiane & vanille

Timing
- **Préparation :** 45 min
- **Repos :** 30 min
- **Cuisson :** 40 min

Ingrédients
(pour 1 grande tarte)

- **Le palet breton**
  200 g de farine
  3 jaunes d'œufs
  130 g de sucre
  150 g de beurre
  Une grosse pincée de sel
  10 g de levure chimique
- **La crème diplomate**
  125 g de lait
  2 jaunes d'œufs (40 g)
  30 g de sucre
  12 g de Maïzena®
  2 g de gélatine en poudre + 9 g d'eau
  4 étoiles de badiane
  1 gousse de vanille
  50 g de crème liquide froide
- **La compotée de mûres**
  100 g de mûres
  1 c. à s. de sucre blanc ou complet
  1 citron
- **Le montage**
  500 g de mûres
  Quelques feuilles aromatiques décoratives

Mes conseils

La crème pâtissière : une fois refroidie, j'aime la passer au mixeur et au tamis pour qu'elle soit parfaitement lisse et onctueuse.

La badiane : cette épice se rapproche de l'anis étoilé, mais avec une saveur plus prononcée. Vous pouvez aussi utiliser de la vanille, du nougat, de la pâte de pistache ou de la coco.

Le palet breton
Battez les jaunes avec le sucre jusqu'à ce que le mélange blanchisse. Ajoutez le beurre pommade et continuez à battre pour obtenir un mélange homogène. Ajoutez la farine, le sel et la levure tamisées. Étalez cette pâte entre deux feuilles de papier cuisson, sur une hauteur de 0,5-1 cm, et placez-la au réfrigérateur.
Préchauffez le four à 180°C.
À l'aide d'un cercle à tarte, taillez un palet de 18 cm : laissez-le dans le cercle pour conserver la forme. Enfournez pendant 15 à 20 minutes. Attendez que le palet refroidisse avant de décercler.

La crème diplomate
Faites chauffer le lait avec la badiane et la vanille grattée avec la gousse. Goûtez. Une fois les saveurs à votre convenance, enlevez les étoiles et la gousse.
Mélangez le sucre, les jaunes et la Maïzena® jusqu'à obtenir un mélange homogène et légèrement mousseux. Transvasez une petite partie du lait sur ce mélange œufs/sucre, fouettez et remettez le tout dans la casserole avec le reste du lait. Continuez de fouetter jusqu'à épaississement, pendant environ 3 minutes.
Hors du feu, ajoutez la gélatine dissoute dans l'eau. Mélangez puis filmez au contact et placez au congélateur 10 minutes, puis 20 minutes au réfrigérateur. Quand la crème pâtissière est froide, mixez-la pour la détendre.
Montez la crème liquide en chantilly et incorporez-la en plusieurs fois à la crème pâtissière.
Placez dans une poche à douille et réservez au réfrigérateur jusqu'au montage.

La compotée de mûres
Découpez les mûres en 2 et faites compoter dans une casserole avec 1 cuillère à soupe d'eau, le sucre et un trait de jus de citron. Portez à ébullition.
Réservez dans un bol au réfrigérateur.

Le montage
Démoulez le palet breton. Déposez de la crème dans le fond puis la compotée de mûres en son centre. Recouvrez généreusement de crème diplomate, c'est un dessert gourmand ! Recouvrez la tarte de mûres entières coupées en deux. Donnez du volume. Vous pouvez saupoudrer avec un peu de sucre glace si vous le souhaitez.
Remettez au réfrigérateur le temps que la crème se raffermisse.

Tarte
figue & feuille de figuier

Timing

- **Préparation :** 30-40 min
- **Repos :** 2 h
- **Cuisson :** 15-20 min

Ingrédients
(pour 8 tartelettes)

- **La pâte sucrée noisette**
  250 g de farine
  100 g de sucre glace
  35 g de poudre de noisette
  150 g de beurre
  1 œuf
  Une pincée de sel

- **La crème de noisette**
  50 g de beurre pommade
  45 g de sucre glace
  50 g de poudre de noisette
  1 œuf
  Quelques figues

- **La ganache montée à la feuille de figuier**
  100 g de chocolat blanc (Opalys Valrhona®, très peu sucré)
  2,5 g de gélatine + 15 g d'eau
  490 g de crème liquide (30% de matière grasse minimum)
  4 feuilles de figuier

•••

La pâte sucrée noisette

Préchauffez le four à 200°C.

Dans la cuve du robot muni de la feuille, mélangez la farine, le sucre glace, la poudre de noisette, le sel et le beurre jusqu'à obtenir un mélange sablé. Ajoutez l'œuf et continuez de mélanger. Arrêtez-vous dès que la farine est incorporée, même si la boule de pâte n'est pas encore bien formée. Finissez d'amalgamer à la main sans trop travailler la pâte pour éviter qu'elle se rétracte à la cuisson et devienne friable. Étalez-la entre deux feuilles de papier cuisson, ou entre deux Silpat®, en lui donnant une épaisseur de 3 mm maximum.

Réservez la pâte au congélateur une vingtaine de minutes environ. Une fois qu'elle a bien durci, sortez-la du congélateur. Décollez la pâte du papier cuisson des deux côtés. Graissez le cercle à tarte, vous pouvez également utiliser un plat à tarte classique. Posez l'ensemble sur une feuille de papier cuisson, ou sur un Silpain® pour obtenir un joli visuel et une cuisson homogène.

Enfournez et baissez à 150°C pour 15 minutes.

La crème de noisette

Crémez le beurre avec le sucre glace, et ajoutez la poudre de noisette et l'œuf. Placez la préparation dans une poche à douille.

Après 15 minutes de cuisson de la pâte sucrée, sortez la plaque du four et pochez la crème de noisette à l'intérieur du fond de tarte à mi-hauteur. Enfoncez des quartiers de figue dans la crème, puis poursuivez la cuisson pour 15 à 20 minutes. La pâte doit être bien dorée. Une fois cuite, sortez la plaque du four, attendez qu'elle refroidisse, et ôtez délicatement le cercle à tarte.

La ganache montée à la feuille de figuier

Faites fondre le chocolat au micro-ondes ou au bain-marie.

Faites chauffer 160 g de crème dans une casserole avec les feuilles de figuier, laissez infuser 5 à 10 minutes. La saveur doit très présente car elle sera ensuite atténuée par le rajout de crème froide. Filtrez la crème et récupérez 130 g. Ajoutez la gélatine préalablement réhydratée. Versez la crème en 3 fois sur le chocolat tout en émulsionnant au fur et à mesure avec une maryse.

Une fois la ganache bien lisse et émulsionnée, ajoutez-y 330 g de crème froide et passez au mixeur en tâchant d'incorporer le moins possible de bulles d'air. Filmez au contact.

•••

- **Ou, option express : La chantilly à la cannelle**
  250 g de crème liquide (30 % de matière grasse minimum)
  80 g de mascarpone
  1 à 2 c. à s. de sucre glace
  Cannelle

- **La compotée de figues**
  300 g de figues noires (de Solliès)
  Le jus d'1 citron
  2 g de pectine NH
  1 c. à s. de sucre complet (type rapadura, muscovado, sucre de coco)

- **La finition**
  Quelques noisettes
  Quelques figues coupées en quartier
  Une feuille d'or pour la décoration (en option)

Mes conseils

La pâte sucrée : j'ai opté pour de la noisette, mais vous pouvez remplacer par de l'amande, des noix de pécan, etc.

Le moule : vous pouvez réaliser la même version en verrine, c'est même plus rapide ! Déposez de la compotée de fruits dans le fond du verre, de la pâte sucrée émiettée, de la ganache montée, un peu de pâte sucrée émiettée et décorez avec des quartiers de figue et des noisettes concassées.

La ganache : à la première émulsion, il est normal que la ganache ne soit pas lisse et brillante, avec les 2/3 restants vous constaterez que la ganache aura une belle texture. Si ce n'est pas le cas, mixez le mélange pour homogénéiser.

Une astuce pour la chantilly : si vous avez de la place, placez votre bol et votre fouet au réfrigérateur ou au congélateur le temps de préparer le reste. La chantilly sera d'autant plus ferme.

La douille saint-honoré : si vous n'en avez pas, plusieurs possibilités s'offrent à vous :

- Réalisez vous-même une douille saint-honoré, à ajuster en fonction de la dimension de votre douille. Découpez votre poche à douille selon le schéma ; d'abord droit (1), puis en biseau (2).

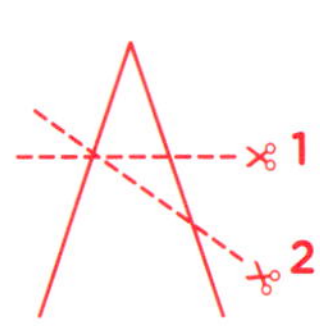

- Pochez avec une douille ronde.

Si vous êtes pressé, placez au congélateur pour 15 minutes puis au réfrigérateur ; si vous avez le temps, quelques heures au réfrigérateur. La ganache doit être bien froide.

Ou, option express : La chantilly à la cannelle

Placez la crème et le mascarpone dans la cuve du batteur ou dans un bol. Fouettez. Quand la crème commence à monter, ajoutez le sucre glace avec la cannelle (d'abord une belle pointe de couteau, puis ajustez en goûtant). Surveillez bien la crème car elle peut vite trancher. Placez-la dans une poche à douille avec une douille ruban ou une douille saint-honoré, et réservez au frais jusqu'au montage.

La compotée de figues

Lavez les figues et découpez les extrémités, puis taillez-les en 4 ou en 8. Pressez le jus du citron dans une casserole et rajoutez les figues. Couvrez et laissez mijoter jusqu'à obtenir une belle compotée avec des morceaux et du jus.
Mélangez le sucre complet et la pectine. Ajoutez ce mélange dans la compotée bien chaude, et montez à ébullition pour 1 minute. Réservez au froid jusqu'au montage.

Le montage

Montez la ganache au batteur jusqu'à obtenir un bec d'oiseau. On souhaite une texture plutôt ferme pour pouvoir la pocher. Placez dans une poche à douille avec une douille saint-honoré. Sortez le fond de tarte.
Déposez de la compotée de figues jusqu'à hauteur du fond de tarte. Pochez la ganache sur la tarte. Soyez freestyle, en pochant dans tous les sens, comme sur le visuel. Déposez des quartiers de figue à droite et à gauche pour apporter du volume et des éclats de noisette en petite quantité. Finissez avec la feuille d'or.

FLOR DE TABACOS DE PARTAGAS HABANA
HABANA · CUBA
SERIE D No.4

LE MEILLEUR PATISSIER

Entremets en trompe-l'œil : pause cigare

Timing

- **Préparation :** 3 h
- **Cuisson :** 30 min
- **Congélation :** 1 nuit

Ingrédients
(pour 8-10 personnes)

- **Le crémeux au whisky tourbé**
  100 g de whisky tourbé
  100 g de crème
  50 g de chocolat au lait
  50 g de chocolat noir
  1,6 g de gélatine
  9 g d'eau
  20 g de sucre
  2 jaunes d'œufs

- **La mousse au chocolat noir**
  200 g de crème
  125 g de chocolat noir
  105 g de lait
  20 g de sucre
  2 jaunes d'œufs

- **Le biscuit sans farine au chocolat**
  100 g de chocolat noir
  30 g de beurre
  50 g de pâte d'amande
  1,5 jaunes d'œufs
  3 blancs d'œufs
  45 g de sucre

Le crémeux au whisky tourbé

Préparez la masse de gélatine en mélangeant l'eau et la gélatine en poudre.
Faites chauffer le whisky tourbé. Flambez-le pour atténuer l'alcool et en conserver surtout le goût sucré.
Préparez une crème anglaise : battez les jaunes avec le sucre jusqu'à ce que le mélange blanchisse. Dans une casserole, faites chauffer la crème avec le whisky. Versez-en la moitié sur le mélange jaunes-sucre, mélangez et remettez le tout dans la casserole. Faites cuire doucement jusqu'à atteindre une température maximum de 82°C ; si les œufs coagulent, passez la préparation dans un tamis.
Arrêtez la cuisson en versant la crème anglaise sur le chocolat et mixez jusqu'à obtenir une texture homogène. Rajoutez la masse de gélatine et continuez de mixer.
Coulez dans un cadre carré de 16 cm de côté.

La mousse au chocolat noir

Réalisez une crème anglaise : battez le sucre avec les jaunes d'œufs. En parallèle, faites chauffer le lait. Délayez une partie du lait avec le mélange précédent puis reversez le tout dans la casserole. Faites chauffer jusqu'à 82°C.
Laissez refroidir. Le mélange chocolaté doit atteindre 40°C.

Le biscuit sans farine au chocolat

Faites fondre le chocolat avec le beurre au micro-ondes.
Faites ramollir légèrement la pâte d'amande au micro-ondes. Si la pâte d'amande n'est pas assez molle, il y aura des grumeaux.
Ajoutez et mixez les jaunes d'œufs avec la pâte d'amande pour obtenir un mélange homogène. Ajoutez le chocolat fondu avec le beurre, mélangez bien.
Montez les blancs d'œufs en neige avec le sucre, versé en plusieurs fois. Puis incorporez-les délicatement au mélange précédent.
Étalez la préparation sur une plaque à génoise préalablement graissée. Faites préchauffer le four à 200°C puis baissez à 180°C. Faites cuire pendant 10 minutes.
À sa sortie du four, démoulez délicatement le biscuit sur une feuille de papier sulfurisé pour arrêter la cuisson.

- **Le streusel pour la cendre et la base de l'entremets**

80 g de cassonade
80 g de poudre de noisette
70 g de farine
10 g de cacao en poudre
90 g de beurre

- **Le socle pour le cigare en chocolat et la tablette**

250 g de pâte à sucre noire
200 g de chocolat noir
2 g de beurre de cacao Mycryo®

- **L'enrobage chocolat noir et la bague en pâte d'amande**

100 g de pâte d'amande
1 stylo alimentaire noir
Spray velours marron
300 g de chocolat Alpaco 66 % de Valrhona®
200 g de beurre de cacao

- **Le montage**

Colorants argent et rouge

Le streusel pour la cendre et la base de l'entremets

Faites préchauffer le four à 170°C.
Dans le robot muni de la feuille, mélangez la farine, le cacao, la cassonade, la poudre de noisette et le beurre froid.
Étalez la pâte entre deux feuilles de papier cuisson ou deux Silpat®.
Enfournez pour 10 à 12 minutes. À 5 minutes de la fin, sortez la plaque du four et l'emporte-pièce avec le côté le plus grand.
Remettez au four pour finir la cuisson.
À la sortie du four, laissez refroidir puis récupérez vos socles délicatement.
Avec le reste du streusel, réduisez-le en miettes (pour imiter la cendre).
Ajoutez le colorant argent et mélangez bien jusqu'à obtenir une belle couleur argentée, type cendre. Réservez pour le montage.

Le socle pour le cigare en chocolat et la tablette

Formez un rectangle avec la pâte à sucre noire, en creusant légèrement le bout pour donner l'effet d'un cendrier. Réservez pour la décoration.
Pour la tablette, faites chauffer le chocolat à 45-50°C puis faites redescendre à 34°C. Ajoutez alors le beurre de cacao Mycryo® et mélangez. Une fois le chocolat parvenu à la température de 31-32°C, coulez-le dans le moule en polycarbonate pour réaliser une tablette de chocolat.

Le montage

Une fois que vous avez tous les éléments pour votre entremets, et que votre chocolat atteint 40°C, préparez la mousse. Fouettez la crème jusqu'à obtenir une texture légère et souple.
Mélangez délicatement le chocolat à 40°C avec la crème fouettée et passez au montage.
Découpez avec l'emporte-pièce du moule l'insert de l'entremets.
Faites de même pour le biscuit sans farine.
Remplissez le moule avec un peu de mousse, déposez l'insert, recouvrez de mousse et fermez avec le biscuit sans farine.
Placez au congélateur pour 1 nuit.
Une fois démoulé, découpez le bout rond (un seul côté) des entremets.

L'enrobage chocolat noir et la bague en pâte d'amande

Faites fondre le chocolat et le beurre de cacao. Laissez refroidir et utilisez à 35°C pour napper l'entremets bien congelé.
Quand le chocolat commence à cristalliser, bombez l'ensemble avec le spray velours marron.
Pour la bague, découpez une bande de pâte d'amande. Écrivez dessus, avec le stylo alimentaire, la marque, le nom du cigare et « Cuba » au milieu. Déposez cette bande sur le cigare, aux trois quarts du tube.

Déposez dans les cendriers en pâte à sucre réalisés préalablement de la cendre (streusel coloré et argent). Collez le reste du streusel émietté sur le bout des entremets, pour donner l'impression d'un cigare qui se consume. Déposez également un peu de colorant rouge en poudre pour ajouter l'effet d'un cigare allumé.
Disposez les cigares sur les cendriers et/ou dans une boîte à cigare pour apporter encore plus de réalisme.

Pavlova
fraise, citron noir & huile d'olive

Timing
- **Préparation :** 45 min
- **Repos :** 30 min
- **Cuisson :** 2 h 30 à 3 h

Ingrédients
(pour 6 à 8 personnes)

- **La meringue**
  5 blancs d'œufs (150 g)
  130 g de sucre semoule
  130 g de sucre glace
- **La compotée de fraises**
  300 g de fraises fraîches
  4 g de pectine NH
  2 à 3 c. à s. de sucre
  Un peu d'huile d'olive fruitée
- **La chantilly au citron noir d'Iran**
  250 g de crème à 30 % de matière grasse
  50 g de mascarpone
  1 à 2 c. à s. de sucre glace
  Un peu de poudre de citron noir d'Iran (ou, à défaut, de la vanille avec un tour de moulin de poivre noir)
- **Le montage**
  1 citron noir
  100 g de fraises
  50 g de groseilles
  100 g de framboises
  50g de myrtilles
  Sucre glace

Mes conseils

La chantilly : attention à ne pas trop la monter, sinon elle pourrait trancher. Réglez votre robot sur une vitesse moyenne pour obtenir une chantilly légère.

La meringue : si le montage vous paraît technique, vous pouvez pocher comme vous en avez envie. L'essentiel, c'est le goût !

La meringue
Dans la cuve du robot, battez les blancs d'œufs et versez en plusieurs fois le sucre semoule jusqu'à obtenir une meringue au bec d'oiseau. Ajoutez le sucre glace préalablement tamisé, à la maryse et en plusieurs fois. Mettez la préparation dans une poche à douille munie d'une douille ronde moyenne.
Sur une feuille de papier cuisson posée sur une plaque, dessinez un rectangle de 28-30 cm sur 8 cm. Pochez deux étages de meringue, sur une hauteur d'environ 2-3 cm. Creusez le centre, pour former comme une baignoire, et lissez les bords pour les arrondir.
Enfournez pour 2h30 à 3 heures à 100°C. Vérifiez la cuisson au bout de 2h30. Les meringues sont cuites quand elles se décollent du papier cuisson.

La compotée de fraises
Coupez les fraises en morceaux en prenant soin d'enlever le pédoncule. Mettez-les dans une casserole avec une grosse cuillère à soupe de sucre et l'huile d'olive. Faites chauffer et laissez compoter doucement. Mélangez le sucre et la pectine et versez-les sur la compotée quand elle est prête. Portez à ébullition pendant 1 minute. Réservez au frais jusqu'au dressage.

La chantilly au citron noir d'Iran
Dans la cuve de votre batteur muni du fouet, mettez la crème et le mascarpone.
Montez doucement en chantilly. Ajoutez le sucre glace et la poudre de citron noir.

Le montage
Déposez dans une assiette le rectangle de meringue. Dans le creux, ajoutez un peu de chantilly, puis de la compotée de fraises jusqu'au bord. Avec une cuillère à soupe, déposez des petits tas de chantilly par-dessus. Découpez des quartiers de fraise et placez-les joliment sur la chantilly, avec des groseilles, des myrtilles et des framboises. Décorez avec du citron noir râpé. Arrosez le tout avec quelques gouttes d'huile d'olive.

LE MEILLEUR PATISSIER

La finale :
le soldat de cœur

Timing

- **Préparation :** 3 h
- **Cuisson :** 2 h
- **Temps :** 1 nuit

Ingrédients
(pour 8-10 personnes)

- **L'insert citron yuko et fraise**
  250 g de fraises
  100 g de jus de citron yuko
  Un peu de sucre
  2,5 g de pectine
- **Le biscuit moelleux**
  8 jaunes d'œufs
  140 g de sucre semoule
  12 g de farine
  12 g de fécule
  100 g de beurre
  6 blancs d'œufs
- **La ganache montée aux bourgeons de sapin grillés**
  3 g de gélatine
  18 g d'eau
  530 g de crème
  140 g de chocolat de couverture Ivoire 35 % de Valrhona®
  1 poignée de bourgeons de sapin

•••

L'insert citron yuko et fraise

Découpez les fraises en brunoise. Faites-les chauffer avec un peu de jus de citron yuko. Ajoutez la pectine et le sucre, portez à ébullition. Coulez la préparation dans le moule à insert grand cœur et déposez par-dessus un des deux biscuits (étape suivante) et le restant dans le moule à insert petit cœur.

Le biscuit moelleux

Faites préchauffer le four à 175°C.
Battez le beurre pommade. Dans la cuve du robot, blanchissez les jaunes d'œufs avec 40 g de sucre. Mélangez-les avec le beurre. Avec un batteur, montez les blancs d'œufs et serrez-les avec les 100 g de sucre restant. Incorporez délicatement les blancs en neige au mélange précédent, puis tamisez la farine et la fécule. Mélangez.
Coulez l'appareil sur une plaque génoise en silicone avec un cadre extensible de la taille de la plaque et étalez à la spatule. Enfournez pour 13 minutes. Le biscuit va gonfler puis dégonfler à la cuisson.
Découpez deux grands cœurs avec le moule à insert et 4 petits avec le moule à insert petit cœur.

La ganache montée aux bourgeons de sapin grillés

Placez les bourgeons de sapin légèrement mixés dans une casserole avec 200 g de crème, et faites chauffer doucement pour les faire infuser (goûtez et ajustez l'intensité). Filtrez la crème chaude pour enlever les bourgeons de sapin.
Préparez la ganache avec le chocolat blanc et la crème chaude aux bourgeons de sapin : faites fondre le chocolat blanc. Versez en 3 fois la crème sur le chocolat en prenant soin de bien émulsionner le mélange entre chaque ajout de crème. Préparez la masse de gélatine en mélangeant l'eau et la gélatine en poudre. Ajoutez la masse de gélatine puis les 330 g de crème froide restant et mixez.
Filmez au contact et mettez au frais.

•••

- **Le praliné aux pignons de cèdre**
  200 g de pignons de cèdre
  150 g de sucre
  1 pincée de sel
- **Les décors en chocolat**
  1 kg de chocolat blanc
  10 g de beurre de cacao Mycryo®
  Pâte d'amande rouge
- **Rose et arbre en meringue**
  5 blancs d'œufs
  150 g de sucre
  150 g de sucre glace
  Colorants rouge et vert
- **Le montage**
  Spray velours rouge
  Spray velours doré

Le praliné aux pignons de cèdre

Faites torréfier les pignons de cèdre.
Réalisez un caramel à sec avec le sucre. Ajoutez les pignons de cèdre torréfiés. Enrobez les pignons avec le caramel, versez sur un Silpat® et attendez qu'il durcisse. Mixez avec une pincée de sel jusqu'à obtenir un praliné, en laissant des petits morceaux.
Étalez du praliné sur un des grands biscuits cœur et réservez au congélateur.

L'entremets

Dans votre grand moule cœur, commencez par mettre une couche de ganache, en tapissant bien les bords avec une spatule pour enlever les bulles. Ajoutez l'insert et le biscuit, puis recouvrez de ganache et finissez par le deuxième biscuit avec le praliné étalé dessus.
Mettez le reste de la ganache dans les petits cœurs, ajoutez les petits inserts et fermez avec les petits biscuits cœur préalablement découpés. Placez le tout au congélateur pendant plusieurs heures.

Les décors en chocolat

Faites d'abord tempérer le chocolat.
Faites-le fondre en montant à une température de 40-45°C maximum, puis redescendez à 34°C. Ajoutez alors le beurre de cacao Mycryo®, laissez-le fondre et mélangez. Une fois le chocolat à 28-29°C, il est prêt à être utilisé.
Ou préférez un tempérage classique :
Faites fondre à 45/50°C le chocolat puis faites-le redescendre à 26/27°C et faites-le remonter à 28/29°C. Maintenez à cette température pour avoir un chocolat qui se tienne.

Les cartes

Préparez les feuilles de Rhodoïd®.
Découpez un rectangle qui formera la base de la carte puis utilisez les moules à insert dans le sens le plus grand pour réaliser le cœur central de la carte sur votre feuille de Rhodoïd®. Placez le moule à insert au milieu de votre rectangle et découpez-le. C'est ce qui donnera l'effet de la carte de cœur une fois déposée sur l'entremets.
Posez deux règles à pâtisserie au-dessus du pochoir, coulez du chocolat et tirez-le avec une spatule pour recouvrir les pochoirs. Attendez que le chocolat cristallise un peu avant de soulever les pochoirs pour les déposer sur une plaque. Placez au frais.

La couronne

Préparez les découpes de la couronne dans la forme que vous souhaitez sur la feuille de Rhodoïd® pour réaliser le pochoir.
Positionnez une grande bande de Rhodoïd® autour du cercle à entremets de 10 cm scotché pour pouvoir ensuite poser le pochoir de la couronne contre (le même principe qu'un cerclage en chocolat).
Posez deux règles à pâtisserie au-dessus du pochoir, coulez du chocolat et tirez avec une spatule jusqu'au bout. Attendez que le chocolat cristallise, puis déplacez la bande (pochoir de la couronne) que vous allez poser autour de votre cercle à entremets de 10 cm, qui sera lui aussi recouvert d'une grande feuille de Rhodoïd®. Une fois la couronne bien posée sur le cercle, scotchez le bout et mettez au frais.

Les roses en pâte d'amande

Étalez la pâte d'amande finement et détaillez des cercles de 6 cm, puis formez une rose avec ces pétales.

Rose et arbre en meringue

Montez les blancs avec le sucre, en le versant en 3 fois. À l'aide d'une maryse, ajoutez délicatement le sucre glace.
Séparez la préparation en trois : colorez-en une partie en rouge, une autre en vert et laissez le reste en blanc.
À l'aide de poches à douille munie d'une douille cannelée, réalisez des roses et des arbres. Posez les formes sur des pailles.
Enfournez à 100-110°C pendant environ 1/1h30 pour les roses et 2 heures pour les arbres jusqu'à ce que les meringues se détachent d'elles-mêmes.

Le montage

Démoulez délicatement les décors en chocolat. Avec le pochoir et le spray rouge, bombez la lettre A. Le stylo rouge servira à écrire la lettre A en haut à gauche et en bas à droite.
Bombez le cœur en polystyrène (découpé dans une grande plaque) avec la bombe rouge.
Prenez la couronne et collez les deux extrémités avec du chocolat fondu et la bombe de froid. Si vous n'avez pas de bombe de froid, il suffit juste de maintenir l'endroit que vous venez de coller avec le chocolat (délicatement) jusqu'à qu'il durcisse.
Utilisez la bombe dorée pour recouvrir toute la couronne.
Déposez les roses et les arbres sur le plateau pour former un jardin.
Démoulez l'entremets et les petits cœurs. En guise de glaçage, colorez-le avec la bombe de spray rouge. Déposez-le sur une assiette et faites de même avec les petits cœurs.
Posez très délicatement les cartes sur l'entremets et la couronne sur le cœur en polystyrène.

LE MEILLEUR PATISSIER
LE MEILLEUR PATISSIER
LE MEILLEUR PATISSIER

Glossaire

Abaisser une pâte
Étaler une pâte pour atteindre une certaine épaisseur. Le résultat est une abaisse.

Bec d'oiseau
Forme crochue (en forme de bec) faite par les blancs d'œufs en neige ferme lorsqu'on retire le fouet.

Beurre pommade / crémer le beurre
Beurre tiédi à température ambiante et travaillé jusqu'à avoir la texture d'une pommade.

Blanchir
Travailler vigoureusement au fouet des œufs et du sucre jusqu'à ce que le mélange blanchisse.

Brunoise (faire une)
Couper en tout petits dés des légumes ou des fruits (2 x 2 x 2 mm).

Caramel à sec
Un caramel que l'on réalise à partir de sucre uniquement. L'astuce est de verser le sucre en trois fois, en attendant que chaque tiers soit complètement fondu.

Crème montée / monter une crème
Crème liquide battue comme une chantilly mais sans le sucre.

Chemiser
Recouvrir l'intérieur d'un récipient, le plus souvent un moule, de papier cuisson, de film alimentaire, d'une pâte à gâteau de décor ou encore de caramel, avant d'y verser une préparation pour en faciliter le démoulage ou lui donner de la tenue.

Débarrasser
Mettre de côté, réserver une préparation pour plus tard.

Décuire
Rajouter un liquide au cours de la cuisson d'un sucre pour ramener à une température de cuisson inférieure.

Dégazer
Travailler une pâte levée en l'aplatissant, ou en lui donnant un coup de poing, pour chasser le gaz carbonique accumulé lors de la pousse, sous l'effet de la levure. Cette étape est généralement suivie d'un second temps de pousse.

Dessécher une pâte
Eliminer l'excédent d'eau d'une pâte en la faisant chauffer à feu doux.

Détailler
Découper.

Détendre une préparation
Assouplir une pâte ou un appareil en ajoutant un liquide ou une crème.

Emulsionner
Fouetter deux liquides ensemble pour les mélanger (ex : huile et eau).

Faire pousser une pâte
Permettre à la pâte de se développer grâce au dioxyde de carbone contenu dans la levure. L'association du CO2 et des molécules de gluten va générer le gonflement.

Feuille du robot
Batteur plat du robot qui sert au pétrissage des pâtes et des crèmes épaisses pour les aérer.

Filmer au contact
Poser du film alimentaire directement sur la crème pour éviter qu'elle ne croûte.

Foisonner
Battre à pleine vitesse du beurre, des blancs d'œufs ou de la crème, afin de les faire gonfler par l'incorporation de petites bulles d'air.

Glucose
C'est un glucide pur fabriqué à partir d'amidon de maïs ou de fécule de pomme de terre. Il a un pouvoir sucrant moins élevé que celui du sucre, une texture assez visqueuse et se présente sous la forme d'un sirop épais et incolore. En pâtisserie, il est utilisé pour éviter la cristallisation du sucre ou le dessèchement de la pâte d'amande et des fruits confits, ou encore pour donner du moelleux.

Gratter la vanille
Extraire les graines de la gousse de vanille en l'ouvrant en deux et en la raclant avec la lame d'un couteau.

Maryse
Spatule souple en caoutchouc ou en silicone permettant de racler le fond des plats et de lisser les pâtes à gâteaux, à macarons et les crèmes.

Masquer
Recouvrir d'une légère couche de crème un entremets ou une génoise.

Monder
Retirer la peau d'un fruit après l'avoir plongé quelques secondes dans de l'eau bouillante.

Poche à douille
Sac conique, dit « poche à pâtisserie », muni d'un embout, appelé « douille », utilisé en pâtisserie pour décorer ou garnir des mets. Les douilles peuvent avoir différentes formes (unie, cannelée, à saint-honoré…) et différents diamètres.

Puncher
Imbiber un biscuit au pinceau pour le rendre moelleux.

Sabler
Travailler les ingrédients de la recette entre les doigts pour obtenir une semoule grossière qui ressemble à du sable.

Tant-pour-tant
Mélange d'ingrédients en quantités égales. Se dit plus spécialement pour la poudre d'amande et le sucre glace (50% de chaque) dans la réalisation des crèmes, des pâtes et des macarons.

Torréfier
Faire chauffer à sec des graines pour les griller légèrement et exhaler leur saveur.

Tours (donner des tours)
Un tour peut être simple ou double. Un tour simple est un travail de la pâte qui consiste à replier en portefeuille un rectangle 3 fois plus long que large, en ayant toujours l'ouverture face à soi. Un tour double est un travail de la pâte qui consiste à replier ses deux extrémités vers le centre, puis à plier la pâte en deux.

Index

Ananas
Pina & honey (ananas rôti aux baies roses, glace au miel de bruyère & pollen) *51*

Anis
Mousse au chocolat framboises & anis *92*

Amandes
Kouglof *21*
Île flottante herbacée, foin, chocolat & cardamome noire *47*
Moelleux mangue, curcuma & coco *52*
Pastilla saveur d'orient cannelle & fleur d'oranger *59*
Rouge passion *73*
Sweet empanadas pêche, camomille & citron *80*

Badiane
Tarte mûres, badiane & vanille *96*

Banane
Lassi pimpé (banane, curcuma, gingembre, vanille) *48*
Pancakes au lait ribot, caramel au café *24*

Bière
Pomme hivernale, pomme, sarrasin & bière *37*

Cacao
Entremets en trompe-l'œil : pause cigare *105*
Tiramisu au café *42*

Café
Ice pumpkin *57*
Lassi pimpé (masala) *48*
Pancakes au lait ribot, caramel au café *24*
Tiramisu au café *42*

Cassis
Entremets dream *94*

Camomille
Sweet empanadas pêche, camomille & citron *80*

Cannelle
Lassi pimpé (masala) *48*
Pastilla saveur d'orient cannelle & fleur d'oranger *59*
Tarte figue & feuille de figuier *98*

Cardamome noire
Île flottante herbacée, foin, chocolat & cardamome noire *47*

Cardamome verte
Guimauve mirabelle & cardamome *69*

Cascara
Rouge passion *73*

Chicorée
Rouge passion *73*

Chocolat blanc
Cueillette du jardin (la) *38*
Entremets dream *94*
Finale : le soldat de cœur (la) *112*
Rouge passion *73*
Tarte figue & feuille de figuier *98*

Chocolat au lait
Brownie gourmand au chocolat *87*
Chocolat chaud décadent *28*
Entremets en trompe-l'œil : pause cigare *103*
Pâte à tartiner à l'huile d'argan *27*

Chocolat noir
Brownie gourmand au chocolat *87*
Chocolat chaud décadent *28*
Cookies caramel au chocolat & truffe *76*
Entremets en trompe-l'œil : pause cigare *103*
Île flottante herbacée, foin, chocolat & cardamome noire *47*
Mi-cuit au chocolat à la fève tonka *30*
Mousse au chocolat framboises & anis *92*

Cidre
Cueillette du jardin (la) *38*

Citron
Moelleux mangue, curcuma & coco *52*
Pâte de fruit fraise & mélisse *71*
Sweet empanadas pêche, camomille & citron *80*
Tarte figue & feuille de figuier *98*

Citron noir d'Iran
Pavlova fraise, citron noir & huile d'olive *107*

Citron vert
Cake citron & estragon *33*
Moelleux mangue, curcuma & coco *52*

Citron yuko
Finale : le soldat de cœur (la) *110*

Coriandre
Lassi pimpé (fruit de la passion, mangue, coriandre) *48*

Curry
Panna cotta pêche, vanille & curry de Madras *54*

Curcuma
Lassi pimpé (banane, curcuma, gingembre, vanille) *48*
Moelleux mangue, curcuma & coco *52*

Dattes
Lassi pimpé (dattes, fleur d'oranger, muscade) *48*

Églantine
Madeleines miel de châtaignier et cœur de confiture d'églantine *78*

Estragon
Cake citron & estragon *33*

Feuille de figuier
Tarte figue & feuille de figuier *98*

Fève tonka
Mi-cuit au chocolat à la fève tonka *30*

Figue
Rouge passion *73*
Tarte figue & feuille de figuier *98*

Fleur d'oranger
Lassi pimpé (dattes, fleur d'oranger, muscade) *48*
Pastilla saveur d'orient cannelle & fleur d'oranger *59*

Foin
Île flottante herbacée, foin, chocolat & cardamome noire *47*

Fraises
Finale : le soldat de cœur (la) *110*
Fraises à la crème (les) *89*
Pâte de fruit fraise & mélisse *71*
Pavlova fraise, citron noir & huile d'olive *107*

Framboises
Mousse au chocolat framboises & anis *92*
Pavlova fraise, citron noir & huile d'olive *107*

Fruit de la passion
Lassi pimpé (fruit de la passion, mangue, coriandre) *48*

Gingembre
Lassi pimpé (banane, curcuma, gingembre, vanille) *48*

Groseilles
Pavlova fraise, citron noir & huile d'olive *107*
Huile d'argan
Pâte à tartiner à l'huile d'argan *27*

Mangue
Lassi pimpé (fruit de la passion, mangue, coriandre) *48*
Moelleux mangue, curcuma & coco *52*
Riz au lait safran, mangue & pistache *61*

Mélisse
Pâte de fruit fraise & mélisse *71*

Menthe
Pastilla saveur d'orient cannelle & fleur d'oranger *59*

Miel d'acacia
Lassi pimpé (banane, curcuma, gingembre, vanille) *48*

Miel de bruyère
Pina & honey (ananas rôti aux baies roses, glace au miel de bruyère & pollen) *51*

Miel de coriandre
Lassi pimpé (fruit de la passion, mangue, coriandre) *48*

Miel de châtaignier
Madeleines miel de châtaignier et cœur de confiture d'églantine *78*

Miel d'oranger
Pastilla saveur d'orient cannelle & fleur d'oranger *59*

Miel de romarin
Crème brûlée romarin & miel de romarin *40*

Miel de ronce
Entremets dream *94*

Mirabelles
Guimauve mirabelle & cardamome *69*

Mûres
Entremets dream *94*
Tarte mûres, badiane & vanille *96*

Muscade
Lassi pimpé (dattes, fleur d'oranger, muscade) *48*

Myrtilles
Cake myrtille, sésame noir & matcha *65*
Pavlova fraise, citron noir & huile d'olive *107*

Noisettes
Brioche perdue praliné & parmesan *18*
Brownie gourmand au chocolat *87*
Entremets en trompe-l'œil : pause cigare *103*
Cookies caramel au chocolat & truffe *76*
Pâte à tartiner à l'huile d'argan *27*
Tarte figue & feuille de figuier *98*

Noix
Entremets dream *94*

Noix de pécan
Ice pumpkin *57*

Noix de coco
Moelleux mangue, curcuma & coco *52*

Orange
Chocolat chaud décadent *28*
Gâteau basque orange, pamplemousse & poivre de Timut *85*
Pina & honey (ananas rôti aux baies roses, glace au miel de bruyère & pollen) *51*

Pamplemousse
Gâteau basque orange, pamplemousse & poivre de Timut *85*

Parmesan
Brioche perdue praliné & parmesan *18*

Pêche
Panna cotta pêche, vanille & curry de Madras *54*
Sweet empanadas pêche, camomille & citron *80*

Pignons de cèdre
Finale : le soldat de cœur (la) *110*

Pistaches
Pastilla saveur d'orient cannelle & fleur d'oranger *59*
Riz au lait safran, mangue & pistache *61*

Poire
Brownie gourmand au chocolat *87*

Poivre de Timut
Gâteau basque orange, pamplemousse & poivre de Timut *85*

Pollen
Pina & honey (ananas rôti aux baies roses, glace au miel de bruyère & pollen) *51*

Potimarron
Ice pumpkin *57*

Pomme
Cueillette du jardin (la) *38*
Pomme hivernale, pomme, sarrasin & bière *37*

Pop-corn
Chocolat chaud décadent *28*

Raisins secs
Kouglof *21*

Ricotta
Sweet empanadas pêche, camomille & citron *80*

Romarin
Crème brûlée romarin & miel de romarin *40*

Safran
Riz au lait safran, mangue & pistache *61*

Sarrasin
Pomme hivernale, pomme, sarrasin & bière *37*

Sauge
Cueillette du jardin (la) *38*

Sésame noir
Cake myrtille, sésame noir & matcha *65*

Sirop d'érable
Ice pumpkin *57*
Lassi pimpé (masala) *48*

Shiso
Fraises à la crème (les) *89*

Thé matcha
Cake myrtille, sésame noir & matcha *65*

Thé noir fumé
Chocolat chaud décadent *28*

Truffe
Cookies caramel au chocolat & truffe *76*

Vanille
Chocolat chaud décadent *28*
Ice pumpkin *57*
Lassi pimpé (banane, curcuma, gingembre, vanille) *48*
Moelleux mangue, curcuma & coco *52*
Panna cotta pêche, vanille & curry de Madras *54*
Tarte mûres, badiane & vanille *96*

Whisky
Entremets en trompe-l'œil : pause cigare *103*

kMix

Remerciements

Ma famille, mes amis

Je souhaite remercier toute ma famille, mes amis, pour leur soutien indéfectible. Vous avez toujours cru en moi et vous avez fait de moi la personne que je suis aujourd'hui. Grâce à vous, j'ai pu garder le cap et aller jusqu'au bout de cette magnifique aventure. Je suis très reconnaissante envers ma famille d'accepter et de m'aider à réaliser tous mes rêves, même ceux les plus fous. D'être présent pour moi quand je m'absente, de comprendre ma vision de la vie.
J'espère qu'ils seront tous fiers de moi et de mon parcours.
JE VOUS AIME to the moon and back.

Les pâtissiers

Je tiens à saluer et remercier tous les pâtissiers (Margaux, Anaïs, Florian, Reine, Maxime, Inna, Bouchra, Édouard, François, François-Xavier, Patrice, Siham) pour l'implication, l'abnégation, la passion, le partage, l'amitié, leur gentillesse, leur soutien, qui ont contribué à cette MAGNFIQUE aventure.
J'ai vécu avec chacun de vous des moments incroyables qui seront inscrits à vie dans ma tête.
L'histoire que nous avons racontée pendant toutes ces semaines, c'est grâce à chacun d'entre vous et qui en fait un souvenir mémorable et inoubliable.
Un petit mot pour Margaux avec qui j'ai vécu cette finale, je suis très heureuse et fière d'avoir pu faire ça à tes côtés. Tu es jeune, et pourtant tu m'impressionnes par ta maturité, ton talent, ton grand cœur, ta gentillesse. Je te souhaite tout ce qu'il y a de mieux dans la vie.

Julien Gault (MEILLEUR casteur)

Tu m'as donné ma chance et c'est GRÂCE A TOI que je me retrouve à écrire mon livre.
Tu as toujours été présent pour moi, tu as cru en moi, tu m'as soutenue, tu as toujours été aux petits soins pendant l'émission. Sans toi rien n'aurait été pareil, tu as été le pilier pour nous tous. Un GRAND merci ! Je te souhaite une réussite fulgurante dans le futur.

Estelle, LA BEST coordinatrice artistique

Je t'estime énormément, une bosseuse acharnée, une présence sans faille, une gentillesse et une douceur sans égal.
Je te remercie d'avoir été présente avant le tournage, pendant et après le tournage.
Une femme comme toi à mes côtés c'est comme d'avoir gagné au loto.

Le staff

On ne remercie jamais assez les gens de « l'ombre ».
Merci à la régie cuisine, Stéphane, Emmanuelle, Margaux, Maud, pour leur gentillesse, leur petit mot de soutien, leur boulot de fou. Vous êtes incroyables. *Big up* spécial pour toi Manu! Merci à Noémie et Sabri d'avoir géré d'une main de maître toute cette fine équipe et d'avoir toujours été à l'écoute. Merci à l'équipe que nous ne voyons jamais, mais qui sont toujours là avec nous.
C'est grâce à eux que tout prend forme, que l'émission prend vie, que nous pouvons vivre cette aventure dans la bonne humeur et le partage, Olivier, Jeremy, Benjamin, Mathieu, Hélène, Eva, Kevin, les régisseurs, les ingé son, la déco et tous ceux que j'aurai pu oublier...
Merci à tous les journalistes pour leur travail de folie, leurs blagues, leur gentillesse, d'avoir cru en moi et de m'avoir soutenue quand je doutais. Céline, Alex, Aurélie et tous les autres.
Merci Cyril et Mercotte pour tous vos conseils, votre bienveillance, votre gentillesse. Merci d'avoir compris ma vision de la pâtisserie, d'avoir été ouvert à la découverte et au partage.

Candice

Tu es pour moi une grande chef, qui travaille dans l'ombre sans compter ses heures. Un sourire que je ne peux oublier. Une rencontre incroyable de par ta gentillesse, ta sincérité, ta passion pour la pâtisserie, ta générosité, tes conseils. Je te souhaite de réussir dans tes nouveaux projets mais je n'en doute absolument pas. Un cœur passionné comme le tien, ça n'a pas de prix.

Chef Benoît Couvrand

Tellement de choses à dire sur vous mais pas assez de lignes, c'est pour dire à quel point vous êtes un chef INCROYABLE. Un IMMENSE merci pour tout ce que vous avez pu faire pour moi, pour votre oreille attentive, pour vos conseils, et pour votre temps qui est si précieux. Même après le résultat, vous avez été présent avec une gentillesse sans pareil. Un chef humble, généreux, passionné, à l'écoute. On ne vous voit pas beaucoup, mais moi je vous vois et je vous estime énormément.

M6

Merci à Laetitia pour son oreille attentive, et d'avoir trouvé les mots pour me rassurer et me mettre à l'aise.
De m'avoir aidée comme tu pouvais pendant le shooting et d'être toujours disponible pour répondre à mes questions.
Merci à Patrick Rougereau d'avoir sublimé mes créations, son travail est incroyable, un artiste. Ses créations sont véritablement « wahouuuu ».
Merci à David pour son aide pendant le shooting. Je retiens de ces deux jours du partage, des discussions, des fou rire, de la gentillesse.
Merci à toutes les personnes que j'aurai pu oublier de citer, je vous remercie du fond du cœur.

MERCI MERCI MERCI 1 000 000 000 de fois.
VOUS ÊTES TOUS INCROYABLES !

LE MEILLEUR
PATISSIER
LE MEILLEUR
PATISSIER

L'éditeur tient à remercier Julia Vignali, Mercotte, Cyril Lignac, Matthieu Bayle, William Lebugle, Marie Willem, Géry Leymergie, Matthieu Jean-Toscani, Benjamin Ferel, Hélène Navarro, Estelle Reveillère, Valérie Calazel, Élodie Serurrier Duceau et toutes leurs équipes.

Photographies et stylisme
© Patrick Rougereau

Photographies de tournage
© Marie Etchegoyen P 2-4-5-6-12-22-23-39-88-91-95
96-97-107-110-111-113-115-116-117-119-122-124-125
© Gabrielle Ferrandi P 10-34-35-62-63-72-74-75-103 120-121
© Benjamin Decoin P 8

Couverture et dernière de couverture
© Patrick Rougereau

Direction artistique et création graphique
Philippe Brulin

Direction éditoriale
Grégoire Hueber

Édition
Laetitia Therm

89, avenue Charles de Gaulle - 92575 Neuilly-sur-Seine cedex.

Dépôt légal : décembre 2020
Achevé d'imprimer en Italie en décembre 2020
ISBN : 978-2-35985-206-6

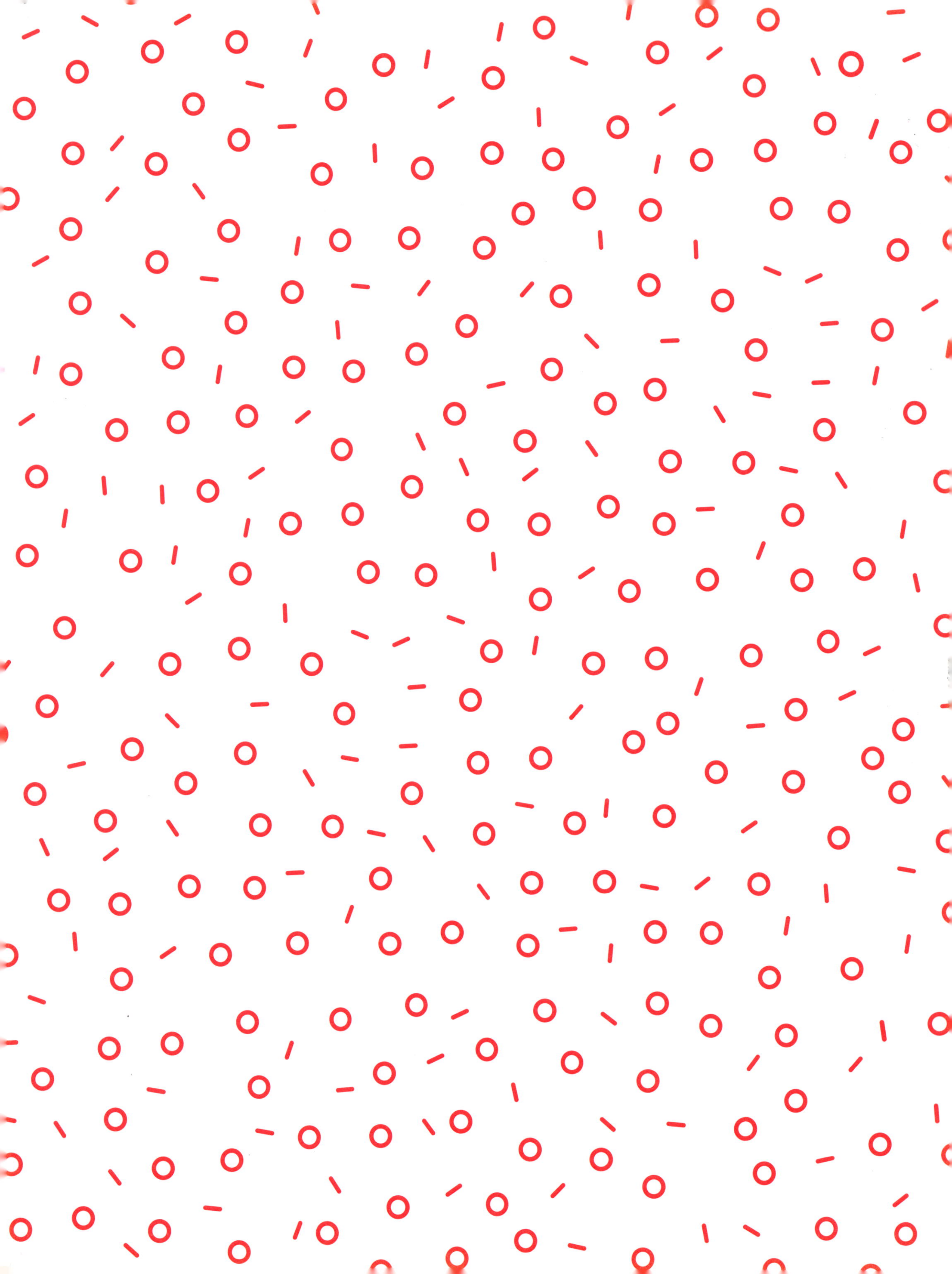